『설공찬전』의 꿈과
신념을 이어 가다,

상주
난재 채수
종가

기획 경상북도 · 경북대학교 영남문화연구원 | **지은이** 이광우

경북의 종가문화 연구진

연구책임자	정우락(경북대 국어국문학과)
공동연구원	이세동(경북대 중어중문학과)
종가선정위원장	황위주(경북대 한문학과)
종가선정위원	이수환(영남대 역사학과) 홍원식(계명대 철학과) 배영동(국립경국대 문화유산학전공) 조재모(경북대 건축학과) 이치억(공주대 윤리교육과)
종가연구팀	김소연(영남문화연구원 연구원) 정보선(영남문화연구원 연구원) 김나혜(영남문화연구원 연구원) 신소윤(영남문화연구원 연구원) 왕지화(영남문화연구원 연구보조원)

축 · 간 · 사

경상북도에서 『**경북의 종가문화**』 **시리즈** 발간사업을 시작한 지 벌써 16년째가 되었습니다. 본 사업은 더 늦기 전에 지역의 종가문화를 기록으로 남겨 후세에 전해야 한다는 절박함에서 비롯되었고, 그간 많은 분들의 노고에 힘입어 어느새 80권의 책자가 발간되는 데 이르렀습니다. 이러한 결실은 우리 지역의 문화자산으로 자리 잡아 가고 있어, 경북 도민의 한 사람으로서 무척 보람되게 생각합니다.

경북은 예로부터 수많은 명현거유名賢巨儒가 배출되었고, 그분들이 이룩한 전통문화가 집적되어 온 중심입니다. 특히 이러한 전통문화의 중심에는 바로 경북의 종가宗家가 있습니다. 종가는 수백 년에 걸쳐 지역 사회의 구심점이자 전통문화의 상징으로 자리 잡아 그 역할을 묵묵히 수행해 왔습니다. 우리 도는 많은 수의 종가가 고유의 문화를 오늘날까지 지켜 오고 있기에, 우리나라 종가문화의 보고寶庫라고 해도 과언이 아닙니다.

하지만 최근 급변하는 사회와 종손·종부의 고령화 등으로 인해 종가문화가 점차 훼손·소멸되고 있는 실정입니다. 이에 경상북도에서는 종가문화를 보존·활용하는 한편, 발전적으로 계승하기 위해 2009년부터 '**종가문화 명품화 사업**'을 추진해 오고 있습니다. 체계적인 학술조사 및 연구를 통해 관련 인프라를 구축하고, 명품 브랜드화하는 등 향후 발전 가능성을 모색하기 위해 다방면으로 노력하고 있습니다.

경북대학교 영남문화연구원을 통해 2010년부터 추진하고 있는 『경북의 종가문화』 시리즈 발간도 이러한 사업의 일환입니다. 도내 종가를 대상으로 현재까지 『경북의 종가문화』 시리즈 80권을 발간하게 되었으며, 결과물은 관계 문중은 물론 일반인들로부터도 큰 호응을 얻고 있습니다. 이들 시리즈는 종가의 입지 조건과 형성 과정, 역사, 종가의 의례 및 생활문화, 건축문화, 종손과 종부의 일상과 가풍의 전승 등을 토대로 하여 일반인들이 쉽고 재미있게 읽을 수 있는 교양서 형태의 책자 및 영상물(USB)로 제작되었습니다. 철저한 현장 조사를 바탕으로 하여 관련 분야 전문가들이 집필함으로써 알차게 내용을 꾸미는 한편, 개별 종가의 특징을 부각시키고자 노력하였습니다.

이러한 노력으로, 금년에는 『**상주 난재 채수 종가**』, 『**김천 매계 조위 종가**』, 『**영양 회곡 권춘란 종가**』, 『**영천 백운재 권응수 종가**』 등 4곳의 종가를 대상으로 시리즈 4권을 발간하게 되었습니다. 이 시리즈의 발간은 계속되어 도내 100개 종가를 목표로 연차적으로 추진해 나갈 계획입니다. 이러한 시도는 종가 관련 자료의 축적을 통해 종가문화 보존 및 활용을 위한 기초자료를 제공함은 물론, 일반인들에게 우리 전통문화의 소중함과 우수성을 알리는 데 크게 도움이 될 것입니다.

최근 유교적 가치와 문화에 대한 재조명이 활발히 이루어지고 있습니다. 그 바탕에는 오늘날까지 전통문화를 올곧이 지켜 온 종문宗門의 숨은 저력이 있었음을 기억하며, 우리 도에 내재한 전통문화를 계승해 나가야 할 것입니다. 이를 통해 경북의 정체성 확립은 물론, 미래지향적인 새로운 정신을 찾아 세계적 정신문화로의 발전으로까지 이어질 수 있을 것이라 확신합니다.

앞으로 경상북도에서는 현재 잊혀져 가는 종가문화에 대한 국가차원의 컨트롤 타워 건립 유치를 위해 힘쓸 것입니다. 아울러 종가문화에 대한 지속적인 조사·연구 추진과 더불어, 종가의 보존관리 및 활용방안을 모색하는 데 적극 노력해 나갈 것을 약속드립니다. 이를 통해 전통문화를 소중히 지켜 오신 종손·종부님들의 자긍심을 고취시키고, 나아가 전국의 종가를 연계하는 종가문화 네트워크 구축과 더불어 종가문화를 세계적인 명품브랜드로 육성해 나갈 계획입니다.

끝으로 이 사업을 위해 애쓰신 정병호 경북대학교 영남문화연구원장님과 연구책임자이신 정우락 교수님을 비롯한 연구원 여러분, 그리고 집필자분들의 노고에 진심으로 감사드립니다. 아울러, 각별한 관심을 갖고 적극적으로 협조해 주신 종손·종부님께도 감사의 말씀을 드립니다.

2025년 4월

경상북도지사 이 철 우

지·은·이·의 말

학창 시절 수업 시간에 「금오신화」·「홍길동전」·「사씨남정기」 등과 같은 조선 시대 고전문학 작품을 배웠다. 대학원에 진학하면서 한국의 역사, 그중에서도 조선 시대사를 공부하기 시작했다. 대구·경북 지역에서 활동하다 보니, 주로 영남 사대부의 행적과 그들이 전개한 여러 양상의 향촌 사회 활동을 연구하였다. 그러나 부끄럽게도 사대부들의 정서가 직접적으로 담긴 고전문학 작품에 대해서는 무지하였다. 문학이 조선 시대 사대부의 필수 교양이었음에도 불구하고, 필자의 전공 영역이 아니라는 이유로 큰 관심을 두지 않은 것이다. 단순히 입시 때문에 공부한 고전문학 작품 몇 가지만 알고 있는 정도였다.

지난 2022~2023년 한국학중앙연구원의 〈디지털상주문화대전〉 제작 사업에 참여했다. 그때 필자는 상주 출신의 조선 시대 인물을 집필하였고, 역사 분야의 원고를 검수·교열하였다. 그 과정에서 제목만 알고 있던 『설공찬전』을 제대로 접하였다. 더불어 저자인 난재 채수와 후손들의 행적, 상주 지역에 남겨진 여러 자취도 알게 되었다. 개인적으로는 이때 『설공찬전』에 가장 관심을 가지게 되었다.

『설공찬전』은 조선 최고最古의 금서禁書로서, 한글로도 번역되었기에 우리나라 문학사에서 중요한 위치를 차지한다. 저자 채수는 고위 관료이자 중종반정 공신이었다. 그럼에도 『설공찬전』이라는 문제작을 저술하여 큰 파장을 불러일으켰으며, 정치적으로 고초를 당하기도 했다. 『설공찬전』은 당대 많은 사람들에게 사랑을 받았다. 금서로 지정된 후에도 암암리에 유통되었고, 1996년 뒤늦게 그 내용이 세상에 알려졌다.

금서로 지정된 만큼 『설공찬전』은 그간 알려진 고전문학 작품 중에서도 가장 파격적인 서사를 가지고 있다. 조선이라는 봉건 사회에서 신분과 계층, 성별에 따른 차별을 부정하고 권력의 부조리를 비판하였다. 차별이 일상적이던 봉건 사회의 내재된 불만을 우회적으로 풀어주는 작품이었기에 많은 사랑을 받은 것이다. 나아가 『설공찬전』의 주제 의식은 현대 사회에서도 충분히 공감을 얻을 수 있기에 지금도 많은 사람들의 관심을 끌고 있다.

『설공찬전』에 대한 관심은 자연스레 저자 채수에 대한 관심으로 이어진다. 채수는 성종·연산군·중종 연간에 활동한 문신이자 학자였다. 젊은 나이에 촉망받은 엘리트였으나, 정치적 격변 속에 우여곡절도 많이 겪었다. 만년에는 관직을 그만두고 함창에 정착하며, 유유자적하는 은둔의 삶을 보냈다. 정치적으로 뚜렷한 신념을 가지고 불의에 굽히지 않았으며, 군주에게는 직언하였다. 또한 학문적으로는 성리학에 경도되지 않고 뛰어난 문장 능력을 바탕으로 여러 분야에서 두각을 나타내었다. 이러한 채수의 정치·학문적 정신이 시대를 관통하는 명저

『설공찬전』의 저술로 이어진 것이다.

지금의 경상북도 상주시 함창읍·공검면·이안면 일원이 옛 함창 고을이다. 그중 이안은 채수가 만년에 쾌재정을 짓고 『설공찬전』을 저술한 곳이며, 난재종가가 이곳에 자리 잡고 있다. 후손들은 난재종가를 중심으로 지금까지 함창 입향조 채수의 정치적 신념과 학문 정신을 계승해 왔다. 이에 따라 명가의 후예로서 시대의 요구에 부응하는 여러 명현들을 가문에서 배출하였다.

채수의 아들 채소권과 손자 채무일은 중종 연간 전횡을 일삼던 권신에 맞섰다. 임진왜란이 일어나자, 붓을 던지고 분연히 일어나 종묘사직을 지키기 위해 앞장선 인사들도 적지 않았다. 봉사손 채홍은 군주를 호위하러 가다 순절하였고, 채유희·유종 형제는 함창에서 처음으로 의병을 주창하였다. 채득해·득강·득호 형제는 젊은 나이에 의병으로 활동했다. 병자호란으로 종묘사직이 큰 굴욕을 당하게 되자, 채이항은 대의명분을 위해 척화충신의 길을 걸었다. 또한 채득기는 경천대에 무우정을 짓고 숭정처사의 삶을 살았다.

17세기 이후 성리학의 발전으로 학파의 분화가 이루어지는 가운데 채하징·채지면과 같은 인사는 기호학파를 계승하였고, 채헌징은 영남학파의 일원으로 활동하며, 상주·함창 지역의 명문 사대부 가문으로서의 위상을 높여 나갔다. 근대 이후에는 민족의 독립을 위해 일생을 바친 많은 애국지사들이 배출되었다. 채기중은 1910년대 대표적인 비밀결사 조직인 대한광복회를 이끌었고, 채섬환과 채충진은 의병전쟁에 투신하였다. 3·1 운동이 전국적으로 확산되는 가운데 이안면에서는 난재종가의 후손들이 주도하여 만세 운동을 일으켰다.

2024년 봄 무렵 경북대학교 영남문화연구원에서 발간하는 '경북의 종가문화' 시리즈의 집필 의뢰를 받았다. 공교롭게도 집필 의뢰 대상이 상주 난재종가였다. 한창 상주 지역에 관심을 가지고 있던 상황에서 집필 의뢰를 받아 내심 의욕이 끓어올랐으나, 한편으로는 걱정이 앞섰다. 채수와 그 후손에 대해 제대로 된 연구를 진행해 본 적이 없었기 때문이다. 그런 의욕과 걱정 속에 집필을 위한 자료 조사를 시작하였다.

약 1년 동안 자료 조사, 집필, 그리고 교열 및 보완을 진행하면서, 난재종가에 대한 여러 정보를 얻을 수 있었다. 한 권의 책으로 담기에 부족할 만큼 많은 명현들의 행적을 확인하였다. 또한 상주·문경 일대에는 난재종가뿐만 아니라 명가의 자취가 어린 여러 유적이 남아 있는 걸 알게 되었다. 상주에는 난재 채수의 유적인 쾌재정과 신도비, 그를 제향한 임호서원 등이 있으며, 문경에는 채수를 비롯해 인천채씨 가문의 명현을 제향한 웅연서원 유적과 후손들이 건립한 여러 누정·재실이 전한다. 무엇보다 『설공찬전』에 드러난 선조의 정신과 신념이 지금까지 후손들에 의해 지켜지고 있음을 생생히 느낄 수 있었다.

이 책이 완성되기까지 여러 사람들의 도움을 받았다. 집필 방향과 부제를 정하는 과정에서 본 사업의 연구책임자이신 정우락 선생님과 자문위원이신 황위주·이수환·홍원식 선생님으로부터 중요한 조언을 받았다. 난재종가를 지키고 있는 종손·종부·종녀를 비롯해 문중의 여러 어르신들의 협조와 도움이 없었다면, 이 책이 완성되기 어려웠을 것이다. 무엇보다 바쁜 와중에도 현지 조사 일정을 조율하고, 미처 확보하지 못한 자료를 제공해 주며, 나아가 원고를 꼼꼼히 교열해 준 경북대학교 영남문화연구원의 본 사업 연구팀에 감사드린다.

급변하는 세태 속에 우리를 있게 한 선조의 음덕과 명가의 가풍들이 하나둘씩 잊혀 가고 있다. 그런 만큼 시대적 흐름에 맞추어 전통문화를 계승하기 위한 여러 노력들이 요구된다. 투박하지만 이 책이 난재종가를 비롯한 명가의 전통을 이어가는 데 조그만 도움이 되기를 기대한다.

상주 난재 채수 종가

목 차

제 1 장

상주 함창과 난재종가의 형성

1 상주 함창의 역사·지리적 환경

우리 민족의 영산 백두산에서 시작하여 남쪽으로 동해안을 바라보며 내려온 태백산맥은 태백산에 이르러 한 줄기가 남서 방향으로 흘러내리며 소백산맥을 이룬다. 태백산맥과 소백산맥을 흔히 한반도의 등뼈라 일컫는데, 그 남쪽이 바로 '영남嶺南'이다. 영남이라는 정체성은 천혜의 자연 요새를 제공하는 소백산맥과 지역을 'ㄷ' 자로 크게 관통하는 낙동강을 기반으로 형성되었다. 특히 낙동강으로 흐르는 지류 하천 주변으로 형성된 충적평야는 한반도에 농경이 보급된 이래 영남 사람들에게 중요한 삶의 터전을 제공해 왔다. 고대 낙동강 지류를 따라 진한辰韓과 변한卞韓의 여러 소국小國들이 옹기종기 자리 잡을 수 있었던 것도 영남의 자연환경과 무관하지 않다.

상주尙州 함창咸昌은 영남의 관문과 가까운 곳에 위치한다. 영남의 관문 문경聞慶의 조령鳥嶺을 넘어서면 영남대로嶺南大路에 이르는데, 문경을 지나 가장 먼저 만나는 고을이 함창이다. 함창은 1914년의 행정 구역 개편으로 상주에 통합되었지만, 이전까지는 상주와 별개의 고을이었다. 현재 기준으로 경상북도 상주시 함창읍·공검면·이안면 일대가 옛 함창에 해당한다.

영남의 여느 고을이 그렇듯 함창도 여러 명산이 둘러싸고 있다. 재악산宰嶽山은 지금의 작약산芍藥山으로 함창의 진산鎭山이다. 상주시 은척면과 이안면, 그리고 문경시 가은읍 경계에 걸쳐 있는데, 능선에 우뚝 솟은 시루봉에 오르면 남쪽으로 넓은 함창의 들판을 조망할 수 있다. 재악산 서쪽의 황령산黃嶺山은 함창과 상주 은척銀尺을 경계 짓는 산으로, 지금은 남산南山과 칠봉산七峰山으로 구분하고 있다. 그중 칠봉산은 해발 600m가 채 되지 않는 산이지만, 여러 노송老松과 기암奇巖으로 뛰어난 경관을 자랑한다.

이곳에 위치한 황령사黃嶺寺는 638년(선덕왕 7) 의상대사義湘大師가 창건한 것으로 알려져 있으며, 호국도량護國道場의 정신이 깃든 곳으로 유명하다. 1254년(고종 41) 몽골군이 상주로 침입해 왔을 때 황령사 승려 홍지洪之가 적군을 물리치는 데에 큰 공을 세웠으며, 임진왜란 때 함창 의병들이 황령사를 근거지로 삼고 활동하였다. 그러한 이유 때문인지 칠봉산에는 소설 『삼국지三國志』에 등장하는 맹장 조자룡趙子龍이 무술을 연마했다는 조자룡 굴, 용마龍馬를 얻었다는 용추龍湫 등 무인의 전설을 담은 명소가 산재해 있다.

함창을 둘러싼 주요 산지에서 흘러내린 여러 하천 주위로 크고 작은 평야가 형성되어 있다. 예로부터 함창의 대표 하천으로는 이안천利安川과 관천串川이 손꼽힌다. 이안천은 백두대간의 속리산俗離山 줄기인 형제봉 갈령에서 발원한다. 그리고 몇 개의 작은 하천과 합류한 후 함창읍 금곡리에 이르면 예전에 '관천'이라 불렀던 영강潁江으로 유입되며, 영강은 다시 상주시 사벌국면 퇴강리에서 영남의 젖줄인 낙동강으로 유입된다. 여기서 이안천은 낙동강 수계의 제1지류 하천으로서, 함창 사람들에게 중요한 삶의 터전을 제공하였다.

이안천은 53여 km를 흐르는데, 하류부에 해당하는 이안면 여물리·가장리·이안리와 함창읍 오사리·태봉리·신흥리·신덕리·금곡리에 이르러서는 넓은 범람원을 형성한다. 바로 이 일대에 비옥한 충적평야인 함창평야가 펼쳐져 있다. 함창 지역의 적절한 강우량과 일조량을 바탕으로 함창평야에서는 오래전부터 벼농사가 이루어졌다.

함창은 고대 고령가야古寧伽倻의 중심지였다. 옛 사서史書에는 고령가야를 짤막하게 소개하고 있다. 『삼국사기三國史記』「지리지」에 따르면, 함창 지역은 원래 고령가야였는데 신라가 이를 취하여 고동람군古冬攬郡으로 삼았다고 했으며, 『삼국유사三國遺事』에

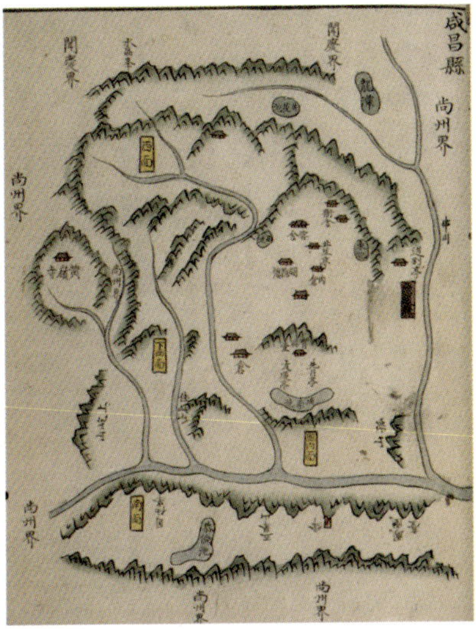

18세기 중엽 편찬한 「여지도」의 함창현
(서울대학교 규장각한국학연구원 제공, 서울대학교 중앙도서관 소장)

서는 고령가야가 여섯 가야 중 하나라고 기록해 놓았다. 인접한 상주의 사벌국沙伐國처럼 고령가야도 신라가 영남 북쪽으로 팽창하는 과정에서 복속되어 군현으로 편제되었음을 알 수 있다.

고령가야의 실체에 대해서는 논란이 있다. 옛 사서에 나오듯이 가야 제국諸國의 구성원이었다고 보기에는 함창이 너무 북쪽에 치우쳐 있으며, 이곳에서 가야계 유물도 확인되지 않기 때문이다. 하지만 현재 확인되는 유적과 구전을 감안한다면, 가야와 별개로 낙동강 중·상류 지역인 함창을 기반으로 한 고대 소국이 존재했음을 충분히 생각해 볼 만하다. 예컨대 상주시 증촌리에는 삼국 시대 고분으로 추정되는 전고령가야왕릉傳古寧伽倻王陵이 조성되어 있다. 오래전부터 함창 사람들은 이 무덤을 고령가야 왕실의 무덤으로 생각한 것이다. 또한 고을 남쪽에 위치했던 남산고성南山古城에 고령가야의 왕궁이 있었다는 이야기가 전한다. 이안면의 이안리와 가장리의 경계 지역을 예전에는 왕도동王都洞이라 불렀다. 고령가야의 왕도가 이곳에 있었다는 구전에서 유래한 지명이다. 함창읍 신흥리와 이안면 이안리 일대에 조성된 함창 오봉산 고분군도 고대 소국의 존재를 가늠할 수 있게 해 준다.

비록 고령가야의 실체는 뚜렷하지 않지만, 고대에 함창 지역이 번영했음을 보여 주는 중요한 유적이 남아 있다. 바로 고대의 인공 저수지인 공검지恭儉池이다. 공검면 양정리에 위치한 공검지는 늦어도 6~7세기 무렵에 축조된 것으로 보이며, 혹자는 고령가야의 유적이라고도 한다. 현재 공검지는 많이 축소되었지만, 근대까지 상주와 함창의 농민들은 공검지를 농업용수로 활용하였다. 그런 관계로 공검지와 관련된 많은 이야기가 전한다.

조선 전기 함창 출신의 문신 홍귀달洪貴達(1438~1504)은 「명삼정기名三亭記」에서 공검지의 유래를 다음과 같이 소개하였다.

> 방죽이 많기로는 남방이 제일이요, 그 크기로는 공검지에 비길 만한 것이 없다. 처음 둑을 쌓은 것이 언제인지 모르나, 전설에 의하면, "처음 쌓을 때에 물이 너무 많아서 공사가 진행되지 않았으므로 사람을 넣어 함께 쌓았는데, 둑이 다 이루어진 뒤에 그 둑 속에 넣은 사람의 이름을 붙여 못의 이름으로 삼았다."라고 하나, 그 이야기가 허황하여 믿을 수 없다.
>
> – 『허백정집虛白亭集』 권2, 「명삼정기名三亭記」

상주 공검지 터(국가유산청 제공)

홍귀달의 소개처럼 공검지는 영남에서 가장 큰 규모의 인공 저수지로서, 조선 시대에는 제천의 의림지義林池, 김제의 벽골제碧骨堤와 더불어 3대 저수지로 일컬어졌다. 실제 『세종실록지리지世宗實錄地理志』에는 둑 길이 860보, 너비 800보, 관개 면적 260결結이라고 했으며, 『신증동국여지승람新增東國輿地勝覽』에서는 둘레가 16,647척(대략 5.5km)에 이른다고 하였다. 또한 홍귀달은 공검지를 축조할 때 아이를 묻었다는 매아설화埋兒說話를 소개하고 있는데, 구전에는 그 아이의 이름이 '공갈'이라고 한다. 그 때문에 지역에서는 공검지를 공갈못이라 부르고 있다.

이처럼 함창은 고령가야로 불린 고대 소국의 중심지였으며, 일찍이 대규모 관개시설이 축조된 유서 깊은 지역이었다. 그러나 신라에 복속된 이후부터는 인접한 상주와 비교해 읍세邑勢에서 차이를 보이기 시작하였다. 신라 이후 함창보다 상주의 행정·군사적 중요성이 부각되었기 때문이다. 즉, 고령가야에 설치된 고동람군은 757년(신라 경덕왕 16) 전국 고을의 명칭을 중국식으로 바꾸는 정책에 따라 고령군古寧郡이 되면서, 지금의 문경시 일대에 존재했던 가선嘉善·관산冠山·호계虎溪 3개 고을을 관할하였다. 그에 반해 상주는 신라의 광역 행정구역인 상주上州와 상주尙州의 치소治所로서 읍격이 높아졌다. 고려 이후 두 고을의 읍격 차이는 더욱 커진다. 고령군은 964년(광종 15) 함녕군咸寧郡으로 개칭되었다가, 현종 연간(1009~1031) 지금의 '함창'으로 다시 개칭되는데, 이때 함창에는 수령을 파견하는 대신 인접한 상주의 관리를 받게 하였다. 1172년(명종 2) 감무監務가 함창에 파견되면서 다시 독립된 고을이 되었고, 1413년(조선 태종 13) 현감縣監이 파견되는 함창현으로서 존재하다가, 1895년 함창군을 거쳐 1914년 상주에 통합되었다.

비록 함창은 고려 이후 왕조의 지방 정책에 따라 읍격은 낮아졌지만, 지리적 배경과 고대서부터 이어진 전통을 바탕으로 지역 특유의 문화를 발전시켜 나갔다. 신라와 고려 조에 황령사를 비롯해 상안사詳安寺·안룡사安龍寺·개원사開元寺·보제사普提寺·상원사上元寺 등의 사찰이 창건되어 불교 문화를 꽃피웠으며, 고려 후기부터는 유교 문화가 발전하였다. 특히 고려 말에는 유학자 김택金澤과 문신 김요金嶢 부자가 함창에서 배출되었는데, 김택은 불사이군不事二君의 충신으로 알려진 이색李穡(1328–1396)의 외조부가 된다. 조선 조에는 학문하는 선비들이 더욱 많아져, 18세기 편찬된 『여지도서輿地圖書』에서는 함창의 풍속을 "문학을 숭상한다.[俗尙文學]"라고 일컫고 있다.

교통의 요지라는 점과 경관이 빼어난 점도 함창의 유교 문화가 발전하는 데 큰 영향을 끼쳤다. 『여지도서』에서는 함창의 형승形勝을 다음과 같이 평가하였다.

> 경상도에서 큰 길목을 관할하는 중추적인 고장이며,【조위曺偉(1454-1503)가 광원루廣遠樓(함창 객관의 누각)의 기문에서 말하기를 "함녕 고을은 경상도의 요충지여서 갓 쓰고, 일산 받고, 수레 타고, 말을 타고 오고 가는 자가 폭주하고 있다."라고 했다.】 땅은 작지만 산수가 아름답다.
>
> –『여지도서輿地圖書』 하, 경상도 「함창」

함창은 작은 고을이었지만, 영남의 관문과 인접하였기에 명망을 지닌 인사들이 수시로 방문할 수 있었다. 한편으로 함창의 훌륭한 형승과 비옥한 토지는 성리학적 은둔을 지향하는 선비들에게 자급자족自給自足의 최적지였다. 그런 까닭에 함창평야가 펼쳐지는 이안천 주변으로 함창의 주요 사대부 가문이 세거지를 형성하였으며, 서원書院·사우祠宇·누정樓亭·재사齋舍 등의 건물을 짓고 학문 연구와 소요逍遙를 일삼았다. 인천채씨仁川蔡氏 난재종가懶齋宗家가 상주 함창에 정착하게 된 것도 이 틀 속에서 이해할 수 있을 것이다.

상주 함창과
난재종가의 형성

2 난재종가의 함창 정착과 후손의 번창

1) 채수의 함창 정착

상주 함창 일대에는 인천군仁川君 채수蔡壽(1449-1515)의 후손들이 세거하고 있다. 채수는 조선 전기 문신이자 학자로서, 인천채씨 가문의 함창 입향조가 된다. 오랜 관직 생활을 마친 채수가 만년을 보낸 곳이 바로 함창이다. 그는 1506년(중종 1) 함창으로 내려왔으며, 이안천 변에 쾌재정快哉亭을 짓고 소요하였다. 이를 계기로 채수의 후손들도 이안면 일대에 세거하기 시작했으며, 채수가 거처하던 이안면 이안리의 집은 난재 채수 가문의 종가가 되었다. 이후 난재종가는 영남의 명문 종가로 자리매김하였으며, 지금까지 그들만의 종가 문화를 향유해 오고 있다.

채수 가문의 관향貫鄕은 '인천仁川'이다. 그런데 상주 함창의 채수 후손들은 스스로 '이안채씨利安蔡氏'라고 일컫는다. 원래 이안은 고려 시대까지 함창에 소속된 이안부곡利安部曲이었고, 조선 시대에는 이안촌利安村으로 불렀다. 그런 이안을 관향처럼 일컫는 것에는 채수 후손들의 자부심이 담겨 있다. 채수 이후 가문이 번창함에 따라, 상주 함창의 인천채씨는 다른 지역에 세거하는 일족과 구분하기 위해, 채수가 입향하고 그의 후손들이 세거한 '이안'을 관향처럼 사용한 것이다.

그렇다면 채수의 인천채씨는 어떻게 함창에 정착하게 되었을까? 가장 직접적인 배경은 함창이 채수의 처향妻鄕이었기 때문일 것이다. 그러나 여기에는 인천채씨 일족의 성장과 더불어 함창 지역의 발전도 중요한 요인으로 작용하였다.

인천채씨는 채선무蔡先茂를 시조로 삼고 있다. 고려 조 인물로 추정되는데, 인천채씨 가문의 족보에 따르면, 동지사同知事에 증직贈職된 것으로 기록되어 있지만, 구체적인 행적은 상고하기 어렵다. 다만 『세종실록지리지』의 「인천군仁川郡」 편에는 토성土姓 중 하나로 '채씨蔡氏'가 확인된다. 그렇다면 채씨 가문의 선대는 고려 조 인천 지역 향리鄕吏의 우두머리인 호장직戶長職을 세습하던 이족吏族에서 출발했을 가능성이 적지 않다. 비록 후대에 정리된 것이지만, 인천채씨 가문의 족보를 통해 채수의 선계를 정리하면 다음과 같다.

〈채수의 선계(1~14세)〉

1세 선무先茂
증贈 동지사同知事

2세 신징愼徵
대장군大將軍

3세 보문寶文
문과文科, 금성백錦城伯

4세 영년永年
한림대조翰林待詔

5세 중서仲舒
내급사內給事

6세 규珪
직장直長

7세 환環
판관判官

8세 윤신允臣
첨의평리僉議平理

9세 원길元吉
형부상서刑部尙書

10세 귀하貴河
호조전서戶曹典書

11세 영泳
진사進士, 소감少監

12세 륜倫
생원生員, 정언正言

13세 신보申保
생원生員·진사進士,
도호부사都護府使

14세 수壽
문과文科, 인천군仁川君

위의 계보에서 가장 주목되는 인물은 3세 채보문蔡寶文이다. 『신증동국여지승람』「인천도호부仁川都護府」 편의 인물 조에서는 채보문을 "고려 의왕毅王[의종] 대 이순우李純祐의 방榜에 등과하였고, 관직은 병부시랑지제고兵部侍郎知制誥에 이르렀다."라고 소개하고 있다. 여기서 '이순우의 방'은 고려의 국립교육기관 국자감의 좨주祭酒와 대사성大司成을 역임한 이순우 주관의 문과 시험을 뜻한다. 또한 최자崔滋(1188-1260)가 편찬한 『보한집補閑集』에서는 채보문을 "한때 명망이 두터웠는데, 그의 시를 보면 굳세고 곧은 것이 수식한 흔적이 없다. 과거에 금성錦城[나주]에 배우러 갔었는데, 뒤에 안렴사按廉使로 와서 공사公舍의 벽에 시를 지었다."라고 소개하며, 나주羅州와 진도珍島 등지에서 채보문이 읊은 시를 수록해 놓았다. 이처럼 채보문의 뚜렷한 행적을 미루어 볼 때 인천의 향리직을 세습하던 채씨 일족은 늦어도 '선무-신징-보문'의 계열을 필두로 하여 이족에서 벗어나 조선 시대 양반 사대부 계층으로 좌정하는 사족士族 가문으로 성장한 것으로 추정된다.

채보문 이후 인천채씨 가문에서 다시 두각을 나타낸 인물은 10세 채귀하蔡貴河이다. 채수의 고조부인 채귀하는 고려의 충신으로 알려져 있다. 그는 조선이 건국된 이후에 고려의 신하로 남고자 박심朴諶·이맹운李孟芸과 함께 황해도 목단산牧丹山에 은거하였다. 인천채씨 후손들은 두 왕조를 섬기지 않았던 채귀하의 충절을 기리고자 각종 추숭 사업을 펼쳤으며, 그 노력의 결과 1871년(고종 8) 정부는 채귀하에게 '정의貞義'라는 시호를 내리게 된다.

이어 채수의 증조부 채영蔡泳은 진사시, 조부 채륜蔡倫은 생원시에 합격하였고, 관직은 각각 소감少監과 정언正言에 이르렀다. 그 과정에서 채륜이 권근權近(1352-1409)의 아우인 권우權遇의 딸과 혼인함으로써, 채수 대 전후 이 가문이 중앙의 거족鉅族과 교유할 수 있는 중요한 인적 기반을 형성하였다. 채수의 부친 채신보

蔡申保(1420–1489)는 진사·생원시에 모두 합격하였으며, 함창현감咸昌縣監을 비롯해 음성陰城·경산慶山·평해平海·남양南陽의 수령을 지냈다. 중종 대에는 자헌대부 이조판서로 추증되고 소성군邵城郡에 봉해졌다. 이처럼 채수의 선대는 고려 말과 조선 초를 거치면서 관료 가문으로 성장하였다.

본격적인 상경종사上京從士가 이루어지고 관료 배출이 증가함에 따라 인천채씨 일족의 통혼권도 확대되었다. 관향인 인천을 넘어 경향京鄕에 기반을 둔 관료 가문과 혼반婚班을 형성하였다. 『주자가례朱子家禮』에 의거한 생활 방식이 조선 사회에 뿌리내리기 이전, 혼인과 상속 관행은 남귀여가혼男歸女家婚과 자녀균분상속子女均分相續이 일반적이었다. 그런 관계로 처향妻鄕과 외향外鄕이 낙향과 복거卜居의 장소로 점지되었다. 이러한 흐름 속에 인천채씨 일족도 관향을 벗어나 남포·청주·보령·대구·경산 등 세거지를 넓혀 갈 수 있었던 것이다.

채수도 한양 출신이지만 관직을 그만둔 후 처향인 함창에 정착하였다. 그의 부인은 정부인貞夫人 안동권씨安東權氏로 권이순權以順의 외동딸이다. 권이순의 선대는 원래 안동의 이족으로서 고려 후기 사족으로 성장하였다. 이 계열은 안동에 세거하다가, 권이순의 부친인 권회權恢 대에 이르러 함창 이안촌에 정착하게 된다. 권회가 함창으로 이거한 배경은 알 수 없으나, 권이순의 증조부인 권희길權希吉이 함창김씨咸昌金氏 김흥金興의 딸과 혼인한 것과 무관하지 않을 것이다. 즉, 채수의 처가인 안동권씨 일족도 처음에는 안동에 세거하다 함창의 토성 세력과 혼인함으로써 함창에 연고를 가질 수 있었고, 훗날 권회가 외향을 따라 함창 이안에 정착한 것으로 추정할 수 있다.

채수의 처조부 권회는 군수郡守를 지냈으며, 처부 권이순은 생원시에 합격한 후 성천부사成川府使에 올랐다. 특히 권이순은 판관判官으로 재임 중이던 1472년(성종 3) 역적 이시애李施愛의 사위를 체포하는 데 공을 세워 4단계의 품계를 올려 받았다. 이러한 관력 및 인적 기반을 바탕으로 권회·권이순 부자는 이안촌 일대를 개발해 나갔다.

당시 함창의 이안촌은 사대부가 복거하기에 안성맞춤인 장소였다. 고려 후기 도입된 새로운 농법을 바탕으로 사대부 계층은 향촌 개발에 앞장서게 된다. 특히 이안촌처럼 고려 시대 부곡이었던 지역은 토착 세력이 약한 데다, 읍치邑治와 비교해 상대적으로 미개발 지역이 많았기 때문에 이곳을 새로운 터전으로 삼기가 용이하였다. 권회와 그의 자손들은 이안천 주변에 펼쳐진 함창평야 일대를 개발하고, 그 일대에 세거지를 형성해 나갔다.

그런 가운데 채수의 부친 채신보가 1456년 함창현감으로 부임하였다. 그는 함창현감 재임 중 청백清白하다는 평가를 받았으며, 이 기간 동안 자연스레 함창의 명사들과 교유했을 것이다. 아마 이것이 인연이 되어 훗날 채수가 권회의 차남인 권이순의 외동딸과 혼인하게 되었고, 함창 이안 일대에 형성된 처가의 경제적 기반을 상속받을 수 있었던 것으로 추정할 수 있다. 이후 채수

또한 처향에 촌사村舍와 누정을 짓고 농장을 경영하였다. 그렇게 확대된 경제적 기반을 바탕으로 난재종가와 그 일족은 상주 함창에 뿌리내리게 된다.

2) 종가와 후손의 번창

조선 후기 실학자 서유구徐有榘(1764-1845)가 편찬한 『임원경제지林園經濟志』의 「상택지相宅志」에서는 팔도의 명지, 즉 거처하기 좋은 곳을 소개해 놓았다. 이 책에서는 영남에 모두 24개의 명지가 있다고 했는데, 함창의 명지로는 이안부곡과 가정구기稼亭舊基 2개 지역을 손꼽았다. 이 책을 편찬한 서유구는 명지 선정의 이유를 수신修身하는 선비가 살 만한 곳을 알게 하고, 올바른 삶과 일상을 향유하는 데 도움을 주기 위해서라고 했다. 후대의 시각에서 분석된 것이지만, 서유구가 전망했듯이 함창의 이안부곡, 즉 이안촌은 사대부가 살기 적합한 곳이었다. 그 때문인지 채수의 후손들도 이안촌을 기반으로 번창하였다.

16세기 이후 사림 세력에 의해 『주자가례』가 향촌 사회에 널리 보급되었다. 이에 사대부들은 전통적인 생활 관습에서 벗어나, 성리학적 종법宗法 질서에 따른 생활 규범을 적극 실천하였다. 친영례親迎禮와 적장자 우대 상속 관습이 일반화되면서 사대부의 세거지는 점차 유력한 성씨가 주도하는 집성촌으로 변모해 갔다. 일족의 개념도 혈족血族이 아니라 성관姓貫을 공유하는 집

상주시 이안면 이안마을 일원

단으로 재편되었다.

이안촌에 뿌리내린 채수의 인천채씨 후손들도 성관을 공유하는 부계 집단을 중심으로 결집하였으며, 자연스레 채수의 적장자손이 이 가문의 대종大宗이 되어 종가를 지켜 나갔다. 또한 중자衆子로서 현달한 자는 별도의 소종小宗을 형성하였다. 채수는 윤권胤權·소권紹權·승권承權 세 명의 아들을 두었다. 세 아들은 각기 학문과 관직으로 현달하였고, 그 후손이 결집하는 하나의 종宗을 형성하였다. 즉, 난재 채수의 후손들은 큰 틀에서 양정공파襄靖公派라 불리는데, 여기서 맏이 윤권의 후손들이 대종이 되고, 소권·승권의 후손들은 소종이 된다.

〈참봉공파 세계(15~33세)〉

15세 윤권胤權
진사進士, 참봉參奉

16세 무휼無恤
진사進士, 현감縣監

17세 유근有根
주부主簿

18세 홍泓
증贈 참판參判

19세 몽정夢井
부사과副司果

20세 지면之沔
생원生員

21세 징휴徵休
통덕랑通德郎

22세 명주命疇

23세 경정景靖

24세 종철宗轍

25세 응대應大

26세 상목尙穆

27세 용구用九

28세 기덕基德

29세 영석永錫

30세 한구漢球

31세 홍근洪根

32세 병희炳熙

33세 창규彰圭

맏이 채윤권蔡胤權(1472–1503)으로부터 이어지는 채수의 적장자손 후손이 양정공파의 대종이다. 이 계열을 다른 소종과 구분해 종파宗派 또는 채윤권이 역임한 관직을 따서 참봉공파參奉公派라고 한다. 둘째 아들 채소권蔡紹權(1480–1548)의 후손은 졸재공파拙齋公派, 또는 판서공파判書公派라고 하는데, '졸재'는 채소권의 호이며, 판서는 채소권이 오른 관직이다. 셋째 아들 채승권蔡承權(1485–1542)은 진사시에 합격하여, 그 후손을 진사공파進士公派라고 한다. 채수의 후손들은 자신들이 속한 종宗을 중심으로 종족 활동을 하지만, 대종의 일과 현조顯祖인 채수와 관련된 추숭 사업을 펼칠 때는 합심하는 모습을 보여 주었다. 따라서 채수 가문의 번창도 종파뿐만 아니라, 두 개의 소종과 함께 살펴볼 수 있다.

먼저 참봉공파는 양정공파의 대종으로서 지금까지 난재종가를 지켜 오고 있다. 이 계열의 후손은 대부분 상주의 이안면에 살고 있지만, 족세가 확산됨에 따라 함창읍과 예천군, 영주시 풍기읍에도 세거지를 형성하였다. 일부 후손은 원주와 옹진에도 터전을 잡았다.

채수의 장남인 15세 채윤권은 1496년(연산군 2) 진사시에 1등으로 합격했으며 관직은 참봉에 올랐다. 학문에 두각을 나타내어 모두 그가 현달할 것이라 기대했지만, 32세의 나이로 일찍 세상을 떠났다. 대신 4남 2녀를 두어 족세가 번창할 수 있게 중요한 기반을 형성하였다. 17세 채유근蔡有根(1528–1574)의 생부는 채윤권의 4남인 채무적蔡無敵이다. 장악원주부掌樂院主簿를 지냈는데,

〈졸재공파 세계(15~32세)〉

15세 소권紹權
문과文科, 형조판서刑曹判書

16세 무태無怠
군수郡守

17세 유부有孚
참봉參奉

18세 득해得海
현신교위顯信校尉

19세 극협克協
어모장군禦侮將軍

20세 지웅之雄
충의위忠義衛

21세 구징耉徵
생원生員

22세 형길亨吉

23세 관하觀河

24세 덕부德溥

25세 서동瑞東

26세 상우象禹

27세 규원圭元

28세 석진碩鎭

29세 홍철泓哲

30세 범식範植 — 건식健植

31세 희용熙鎔

32세 영두榮斗

음률에 뛰어났으며 거문고를 잘 탔다고 한다. 사신단의 일원으로 김계휘金繼輝를 따라 명나라에 다녀왔다. 18세 채홍蔡泓(1556-1592)은 임진왜란 때 왕을 호종하러 가다 해를 입은 충절 인사이다. 사후 참판에 증직되고 인양군仁陽君에 봉해졌다. 19세 채몽정蔡夢井(1583-1643)은 김장생金長生의 문인으로 학행이 있었다. 20세 채지면蔡之沔(1639-1689)은 송시열宋時烈·송준길宋浚吉 양 문하에서 수학하였고, 생원시에 합격하였다. 21세 채징휴蔡徵休(1684-1747)는 권상하權尙夏의 문인이다. 홀로 된 모친을 모시는 데 효성을 다했으며, 국상國喪 때는 육식을 끊는 등 행실에서 귀감을 보여 고을 사림들이 관부에 그에 대한 포장褒奬을 청원하였다.

이처럼 채수의 적장자손은 종가를 유지하는 데 주력하면서도 학문 활동을 통해 가문의 위상을 높여 나갔다. 특히 17~18세기 동안 대를 이어 기호학파와 적극적으로 연접하며, 당색으로는 서인西人·노론계老論系 가문으로 좌정한 점이 주목된다.

채수의 후손 중에서는 졸재공파 계열이 수적으로 가장 많다. 이 계열도 이안면에 터전을 이어 오고 있지만, 후손 상당수는 인근의 문경 산양山陽 일대에 세거하고 있다. 산양은 현재 경상북도 문경시에 속하는데, 조선 시대까지는 상주 영역이었다. 그 외 대구와 창원에 일부 후손이 살고 있다.

채수의 차남인 15세 채소권은 형제 중 관직으로 가장 현달하였다. 1506년(중종 1) 문과에 급제하였고, 관직은 형조판서에 이르렀다. 채소권은 무강無疆·무은無垠·무진無盡 세 아들을 두었는

〈진사공파 세계(15~32세)〉

15세 승권承權 진사進士

16세 무경無競 어모장군禦侮將軍

17세 유업有業 어모장군禦侮將軍

18세 천서天瑞 증贈 공조참의工曹參議

19세 이진以晉 어모장군禦侮將軍

20세 지명之溟 — 지담之潭 통덕랑通德郎

세		
21세	원징元徵	희징禧徵
22세	영일靈一	명달命達
23세	명옥明玉	섭瓔

24세 경조敬祖

25세 서헌瑞憲

26세 상칠象七

27세 규병圭炳

28세 동진東鎭

29세 홍준鴻俊

30세 명식明植

31세 희영熙榮

32세 영규泳圭

데, 안타깝게도 모두 후사 없이 세상을 떠났다. 이에 아우 승권의 네 아들 중 차남 무태로 하여금 대를 잇게 하였다. 16세 채무태蔡無怠(1513-1552)는 음직으로 관직 생활을 시작하였는데, 음성 군수 재임 중 선정을 베풀어 백성들이 거사비去思碑를 세웠다. 17세 채유부蔡有孚(1550-1593)는 학행으로 천거되어 참봉에 제수되었다. 산양에 간송정澗松亭을 짓고 소요하였는데, 판서를 지낸 서성徐渻(1558-1631)은 그를 일러 산양처사山陽處士라 하였다. 사후 장례원판결사에 증직되었다. 21세 채구징蔡耈徵(1642-1711)은 1677년(숙종 3) 생원시에 합격하였다. 학문이 뛰어났으며, 선비의 행실을 국화에 빗대어 논한 「우국헌기友菊軒記」를 남겼다.

채소권의 후손은 다른 두 계열과 달리 주로 조선 후기 상주 지역 사대부로 활동하였다. 특히 18세 채득해蔡得海(1571-1641)와 25세 채서동蔡瑞東(1776-1845)은 각각 상주의 퇴계학파를 주도하던 정경세鄭經世(1563-1633)와 정종로鄭宗魯(1738-1816) 문하에서 공부하였다.

진사공파 계열은 상주와 옛 함창 영역이었던 공검면 일대에 두루 세거하고 있다. 또한 일부 계열은 봉화와 연안·개풍으로 이주하였다.

채수의 삼남인 15세 채승권은 1510년(중종 5) 진사시에 합격하였다. 1518년 조정에서 성종·중종 연간의 시문을 모아 『속동문선續東文選』을 간행하였는데, 이때 채승권이 간행 사업을 관리하는 감동유사監董有司로 참여하였다. 진사공파의 적장자손 계열은

20세 채지명蔡之溟(1608-1679)의 후손이 끊어지면서 단절된다. 대신 18세 채천서蔡天瑞의 차남 채이항蔡以恒(1596-1666)이 척화충신斥和忠臣으로 명성을 얻었으며, 19세 채이진蔡以晉의 4남인 채지수蔡之洙의 아들 채헌징蔡獻徵(1648-1726)이 문과에 급제하는 등 지손支孫에서 현달한 인사가 많이 배출되며, 가문의 위상을 이어 오고 있다.

제2장

난재 채수의 삶과 『설공찬전』

1 난재 채수의 삶

1) 명가의 후예

밝은 때에는 바른 도를 행하였고, 明時直道
만년의 절조는 청풍 같았다. 晩節淸風
벼슬에 나아가고 물러가는 모습이, 卷舒行藏
춤추는 봉황과 높이 나는 기러기 같구나. 儀鳳冥鴻

–『임호서원지』,「상향축문常享祝文」

1691년(숙종 17) 지금의 상주시 공검면에 임호서원臨湖書院이 건립되었다. 이 서원은 채수를 비롯하여 옛 함창에서 배출된 다섯 명현의 위패를 봉안하고 있다. 당시 이유장李惟樟(1625–1701)이 임호서원 제향인의 행적을 기리는 「상향축문常享祝文」을 썼는데, 채수의 행적에 대해 위와 같이 평가하였다. 「상향축문」의 내용처럼 채수는 관직에 있을 때는 절개를 지켰고, 만년에는 관직에서 물러나 소요자적逍遙自適하는 이상적인 사대부의 모습을 보여 주었다.

이러한 채수의 행적은 타고난 성정性情과 가문의 전통에서 비롯되었을 것이다. 이와 관련해 이행李荇(1478~1534)은 채수의 묘지墓誌를 쓴 뒤, 그 명문銘文에서 채수의 행적이 가문의 전통에서 비롯되었음을 밝히고 있다.

물이 원천이 있으면,	水之有源
그 지류가 질펀히 흐르도다.	而派瀰瀰
누가 그 뿌리 배양했기에,	孰培其根
가지가 저리도 뻗어 가는가.	而枝之披

– 『용재집容齋集』 권10, 「인천군채공묘지仁川君蔡公墓誌」

채수는 자가 기지耆之, 호가 난재懶齋 또는 청허자淸虛子, 시호가 양정襄靖으로, 1449년(세종 31) 8월 8일 한양 명례방明禮坊에서 태어났다. 부친은 채신보이며, 모친은 증 이조참의吏曹參議 류승순柳承順의 딸 정부인 문화류씨文化柳氏이다. 이 가문은 고려 후기 본격적으로 사환을 시작하였다. 채수의 고조부 채귀하는 호조전서를 지냈는데, 왕조 교체기에 두 왕조를 섬기지 않고 황해도 목단산에 은거한 절의 인사이다. 이후 증조부 채영과 조부 채륜,

부친 채신보에 이르기까지 사환을 지속하였다.

부친 채신보는 자가 자휴子休, 호가 만계灣溪이다. 1438년(세종 20) 진사시, 1441년 생원시에 합격하였다. 의금부도사로 관직 생활을 시작했고, 1456년에는 함창현감으로 부임하였는데 청백淸白하다는 평가를 받았다. 이후 내외 관직을 두루 역임하였으며, 관직은 남양도호부사에 올랐다. 훗날 채수가 공신에 봉해짐에 따라 채신보는 이조판서에 증직되고 소성군에 추봉되었다. 특히 문장과 시에 능하여 서거정徐居正·강희맹姜希孟·김뉴金紐 등을 비롯해 사림파의 종장이 되는 김종직金宗直과 교유하였다.

채신보는 잠시 관직을 떠나 있는 동안 별장이 있던 지금의 충청북도 음성군 원남면 삼용리의 물언덕 마을에 소산정사梳山精舍를 짓고 소요하였다. 채신보와 교유 관계가 가장 두터웠던 인사는 강희맹이다. 이런 인연 때문인지 강희맹의 사후에 채수가 직접 그의 행장을 써 주기도 하였다. 이 무렵 채신보가 소산정사를 짓고 은둔하자, 1460년 강희맹이 직접 그곳을 방문하였고, 정사의 기문인 「소산만계정사기梳山彎溪精舍記」를 지었다. 기문에는 방문 당시 강희맹이 채신보에게 한 말이 언급되어 있다.

> 그대가 평소 화려한 것을 싫어하고 문아文雅를 좋아하며, 몸은 조정에 있으나 산림을 그리워하여 그 숭상하는 것이 진실로 세속 선비에게는 상대가 안 되었다. 지금 이미 세상일을 하직하고 한가히 살게 되었으니, 아마도 반드시 좋은 산수가 있어 지극한 낙을 삼아서 세상 생각을 잊을 수 있을 것이다. … 다른 날 사가史家가 나라의 역사를 편수하게 되면 장차 그대

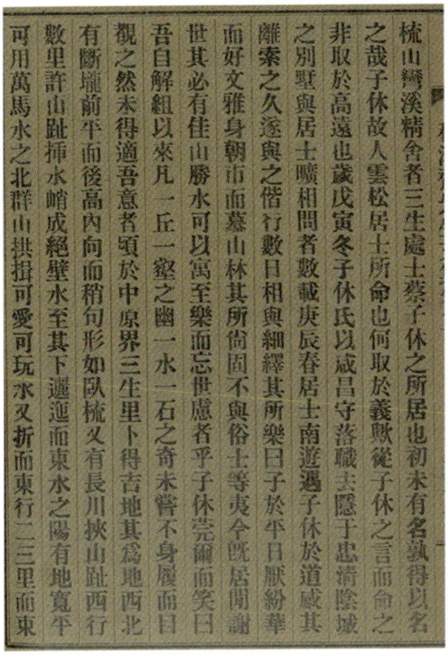

梳山灣溪精舍者三生處士蔡子休之所居也初未有名孰得以名之哉子休故人雲松居士所命也何取於義歟從子休之言而命之非取於高遠也歲戊寅冬子休氏以咸昌守落職去隱于忠淸陰城之別墅與居士曠相問者數載庚辰春居士南遊遇子休於道咸其離索之久遂與之偕行數日相與紬繹其所樂曰子於平日厭紛華而好文雅身朝市而慕山林其所尙固不與俗士等夷今旣居閒謝世其必有佳山勝水可以寓至樂而忘世慮者乎子休莞爾而笑曰吾自解組以來凡一丘一壑之幽一水一石之奇未嘗不身履而目覩之然未得適吾意者頃於中原界三生里卜得吉地其爲地西北有斷壠前平而後高內向而稍句形如臥梳又有長川挾山趾西行數里許山趾揷水峭成絶壁水至其下邐迤而東水之陽有地寬平可用萬馬水之北群山拱揖可愛可玩水又折而東行二三里而東

강희맹의 『사숙재집』 중 「소산만계정사기」(국립중앙도서관 제공)

를 은일전隱逸傳에 들 것인지, 아니면 장차 어진 사대부의 반열에 들 것인지 알 수가 없다.

– 『사숙재집私淑齋集』 권8, 「소산만계정사기」

강희맹의 말처럼 채신보는 평소 관직에 있으면서 청렴함을 지켰다. 관직에 얽매이지 않았으며, 항상 소요함을 그리워하였다. 어진 관료이자, 은일의 표상이었다. 그는 누구보다 시와 글, 그리고 거문고를 사랑하는 사대부였다. 일찍이 채신보는 다음과 같은 시를 지은 적이 있다.

나는 과거 급제와 거문고 배우기를 원했는데, 我願登科與學琴
하나도 이루지 못하고 세월만 보냈구나. 不成一事費光陰
너는 장차 과거에 장원하여 토대를 삼아야 할 터인데, 汝將金榜魁元手
거문고를 타도 늙은이 마음에 안 차는구나. 彈盡衰翁未滿心

–『인천채씨세덕록』, 「남양도호부사채공南陽都護府使蔡公」

채신보는 시를 적은 후 한동안 집에 두었다. 그리고 어느 무렵 이 시를 아들 채수에게 건네주었다. 여기에는 만년의 아버지가 과거 공부를 하는 아들에게 전하는 당부와 인생 소회가 담겨 있다. 채신보는 여러 관직을 역임했지만 끝내 문과에는 급제하지 못하였다. 그 때문에 늙어서야 소요하며 거문고를 탈 수 있었지만, 아쉬움이 적지 않았을 것이다. 이처럼 관직에 나아가서는 청렴과 절개를 지키면서도, 언제든지 은둔하고 소요함을 그리워하는 것은 분명 선대로부터 내려온 가문의 성정일 것이다.

채수는 집안의 장남으로, 형제로는 두 명의 남동생과 네 명의 누이가 족보에서 확인된다. 남동생 채년蔡年은 생원으로 현감을 지냈고, 채재蔡載는 문과 급제 후 학록學錄에 올랐다. 네 명의 누이는 종친인 평성군枰城君 이위李偉를 비롯해 김령金鈴·이정李靖·양면楊沔과 각각 혼인하였다. 그중 이위의 아들이 김종직의 문인으로 훗날 갑자사화甲子士禍 때 죽임을 당하는 주계부정朱溪副正 이심원李心源(1454–1504)이다.

명가로서의 입지는 채수와 그다음 세대에 이르러 더욱 확고해진다. 채수의 세 아들 중 첫째 윤권과 셋째 승권은 진사가 되었으며, 둘째 소권은 문과 급제 후 형조판서에 올랐다.

채수는 네 명의 사위를 얻었는데, 모두 일세의 명망이 있었다. 첫째 사위 김감金勘(1466~1509)은 조선 전기 거족인 연안김씨延安金氏로 문과 급제 후 우찬성에 올랐다. 중종반정으로 장인인 채수와 함께 정국공신에 녹훈되었다. 둘째 사위 이승검李承儉은 감역監役을 지냈다. 셋째 사위 김안로金安老(1481~1537)도 명문인 연안김씨이다. 문과에 장원 급제하였으며 관직은 좌의정에 올랐다. 그의 아들 김희金禧는 중종의 사위가 되는 등 한때 국정 전권을 틀어쥐어 사류에게 권신權臣으로 지목받았으며, 결국 문정왕후文定王后 폐위를 도모하다 사사賜死되었다. 넷째 사위 이자李耔(1480~1533)는 한산이씨韓山李氏로 이색의 후손이다. 문과에 장원 급제하였고 관직은 우참찬에 올랐다. 사림파 이심원과 김굉필金宏弼의 문인으로서, 중종 연간 조광조趙光祖·김정金淨 등의 기묘사림과 교유하면서도 남곤南袞·김안로와 같은 훈구勳舊 세력과도 관계를 유지하였다.

고려 말과 조선 초를 거치며 채수의 선대는 관료 가문으로 자리매김하였다. 그리고 채수 대 전후로 당대의 명문거족과 혼인 관계를 맺거나, 명사들과 교유하는 모습을 보여 주었다. 15~16세기 정국은 공신 계열의 훈구 세력과 신진 사류들이 경쟁하던 시기였다. 이때 채수 가문은 특정 계열에 경도되지 않았다. 대신 인물 관계에서 다양한 구도를 형성하면서 가문의 격을 높여 나갔다.

2) 10년 만에 재상 반열에 오르다

채수는 한양에서 태어났지만 어린 시절 함창·음성·충주·경산 등지에 머물렀다. 9세 때 부친의 임지인 함창에 있었고, 10세 때는 부친의 별서가 마련된 음성에 거처하였다. 그리고 이곳에서 글을 배우기 시작하였고, 11세부터는 직접 글을 지었다. 또한 12세 때는 충주로 이사하였고, 17세 때 경산현령慶山縣令으로 부임한 부친을 따라 경산으로 갔다.

성장기에 채수는 비범하면서도 호탕함을 보여 주었다. 11세 때 시문을 지었는데, 김종직이 그 글을 보고 감탄하면서 "훗날 문학으로 세상에 이름 알릴 자는 틀림없이 이 아이일 것이다."라고 말하였다. 어린 시절부터 문학에 비범한 자질을 보인 것이다.

17세 때 아버지를 따라 경산 임지에 있을 때 다음과 같은 일을 경험하였다.

> 채빙군蔡聘君 양정공(채수)이 어릴 적에 부친 임소를 따라 경산에 살 때, 두 아우와 관사에서 함께 잤는데, 밤중에 갑자기 소변이 마려워 옷을 입고 혼자 방 밖으로 나가 보니 화원경火圓鏡(확대경)과 같은 흰 기운이 오색처럼 현란하게 공중에서 차바퀴처럼 돌아 먼 곳에서 차차 가까이 오는 것이 바람과 번개처럼 빨라, 양정공이 놀라 창황히 방으로 들어왔다. 겨우 문턱을 넘어섰는데, 그것이 방안으로 따라오는가 싶더니, 조금 이따 막냇동생이 가장 방구석에서 자다가 놀라 일어나 뛰며 아프다고 계속해서 부르짖으며 입과 코에서 피를 흘리며 죽었다. 양정공은 조금도 상한 데가 없었다. 대저 사기邪氣가 사람을 상하게 할 때는 반드시 허할 때를 타니 사람의 기운이 온전하면 해치지 못하는 것이다.
>
> -『대동야승』,「용천담적기龍泉談寂記」

앞의 일화는 채수의 사위인 김안로가 쓴 「용천담적기龍泉談寂記」를 통해 세상에 전해졌다. 채수와 동생들은 귀신의 소행으로 보이는 신비한 경험을 했다. 이때 막냇동생이 알 수 없는 이유로 죽었다. 실제로 『신증동국여지승람』의 「경산현」 편에는 경산현령 채신보가 이 무렵에 차군헌此君軒을 짓고 쓴 기문이 수록되어 있는데, 여기에 "을유년(1465) 초여름에 부임해서 관사에 있는데 한 달이 넘지 못하여 자식을 잃는 액운을 만났다."라는 언급이 있다. 이로 보아, 이때 죽은 동생은 족보에 기록되지 못한 채 요절한 것으로 보인다. 어찌 되었든 막냇동생이 죽음에 이르는 위급한 상황에도 채수는 정신을 놓지 않고 비범한 모습을 보여 주며 몸을 온전히 보전하였다. 그 때문인지 채수의 연보에서는 이 사건에 대해 "무릇 기상이 건전하면 요사한 기운도 해칠 수가 없는가 보다."라고 평가하였다. 한편으로 이때의 신비한 경험은 훗날 문제작 『설공찬전』을 짓는 데도 일정 부분 영향을 끼쳤을 것이다.

1466년(세조 12) 18세의 채수는 권이순의 딸인 안동권씨와 혼인하였다. 같은 해에 충주 성산星山으로 가서 공부했는데, 이때 본격적으로 과업을 준비한 것으로 보인다. 특히 생질인 이심원과 절차탁마切磋琢磨하면서, 문장을 크게 발전시켰다.

어린 시절에 주목받았던 채수의 학문적 능력은 과거 시험을 통해 바로 입증되었다. 20세가 되던 1468년(세조 14) 생원시와 진사시에 응시하여 모두 합격하고 성균관에 입학하였다. 1469년(예종 1)에는 성균관의 생원·진사를 대상으로 일종의 특별 문과 시험인 증광시增廣試가 거행되었다. 채수도 여기에 응시하여 1차 합격자를 뽑는 초시初試와 합격자를 정하는 복시覆試를 모두 1등으로 통과했을 뿐만 아니라, 합격자의 순위를 정하는 전시殿試까지 1등으로 장원 급제하는 기염을 토했다.

마지막 전시의 석차에 따라 문과 합격자는 갑과甲科·을과乙科·병과丙科로 구분되며, 관직에 나가는 첫 품계를 갑과는 정7품, 을과는 정8품, 병과는 정9품으로 정한다. 7~9품의 관직을 크게 참하관參下官이라 일컫는데, 주로 소속 부서의 실무를 담당하는 자리이다. 문과에 급제하더라도 참하관을 넘어서기는 쉽지 않았다. 그러나 채수처럼 장원 급제할 경우 바로 참상관參上官인 종6품의 품계를 받는다. 참상관은 정3품부터 종6품까지 해당되는데, 내직에서는 청요직인 언관言官이나 각 부서의 실무 책임을 맡았고, 외직으로는 국왕을 대신해 백성을 직접 다스리는 수령이 될 수 있는 자리였다. 그렇기 때문에 장원 급제를 하면 누구보다 빠르게 요직에 오를 수 있었다. 더구나 채수가 관직을 시작했을 때의 국왕은 다름 아닌 호문好文의 군주 성종이었다. 성종은 문사文詞에 능통했던 인재를 두루 발탁하였다. 채수도 그런 성종의 눈에 띄었고, 관료로서 엘리트 코스를 밟게 된다.

채수는 문과에 장원 급제한 직후 종6품의 품계를 받았으며, 정6품의 사헌부감찰司憲府監察로 임명되었다. 1470년(성종 1) 22세의 나이에 예문관부수찬藝文館副修撰에 올랐고, 1472년 수찬修撰, 1474년 부교리副校理·사헌부지평司憲府持平·충익부도사忠翊府都事·

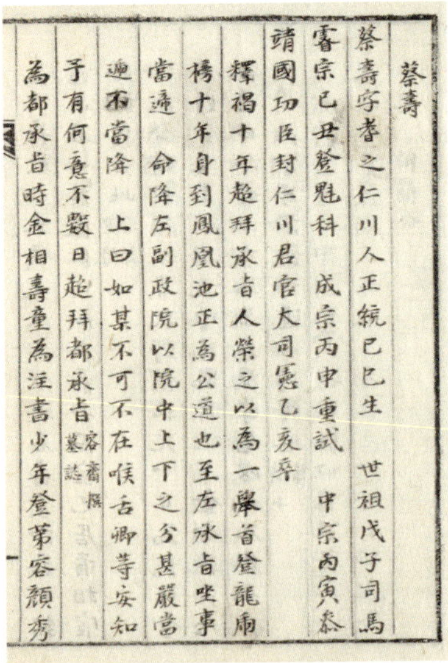

蔡壽

蔡壽字耆之仁川人正統己巳生 世祖戊子司馬 睿宗己丑登魁科 成宗丙申重試 中宗丙寅叅靖國功臣封仁川君官大司憲乙亥卒

釋褐十年超拜承旨人榮之以為一擧首登龍虎榜十年身到鳳凰池正為公道也至左承旨坐事當遞命降左副政院以院中上下之分甚嚴當遞不當降 上曰如某不可不在喉舌卿等安知予有何意不數日超拜都承旨 容齋撰墓誌

為都承旨時金相壽童為注書少年登第容顏秀

『명신록』의 「채수」 편(서울대학교 규장각한국학연구원 제공)

이조정랑吏曹正郎에 제수되었다. 1475년 일본에 파견된 통신사通信使의 서장관書狀官에 임명되기도 했으며, 장악원첨정掌樂院僉正을 겸직하였다. 1476년 명나라 사신을 접빈하는 종사관從事官으로 차출되었고, 1477년 사섬시첨정司贍寺僉正·예문관부응교藝文館副應敎에 올랐다. 1478년 문신들을 대상으로 치른 정시庭試에서 1등으로 뽑혔다. 이에 통훈대부通訓大夫로 품계가 올랐으며, 응교應敎로 승진하였다. 같은 해 홍문관전한弘文館典翰을 거쳐 정3품의 당상관堂上官직인 승정원동부승지承政院同副承旨에 올랐다.

채수가 1469년 문과 급제 후 당상관직에 이르기까지는 채 10

년이 걸리지 않았다. 채수의 묘지墓誌와 정조 연간 편찬된 『명신록名臣錄』에서는 채수의 행적을 평가하면서, 중국 북송北宋의 이방李昉이 쓴 시를 인용하였다.

한 번에 과거에 장원 급제하더니, 一擧首登龍虎榜
10년 만에 몸이 재상 반열에 올랐네. 十年身到鳳凰池

- 『명신록』 전집 8, 「대사헌인천군채수大司憲仁川君蔡壽」

이는 여몽정呂蒙正(946-1101)을 축하하기 위해 이방이 쓴 시의 구절이다. 여몽정은 어렸을 때 매우 가난했으나, 공부에 전념하여 과거에 장원 급제하였다. 그리고 10년 만에 재상에 오른 명신名臣이었다. 채수의 관력도 여몽정의 그것과 다름없다는 평가를 주위로부터 받은 것이다. 이처럼 채수는 성종의 총애와 관심 속에 20대 동안 젊은 엘리트 관료로서 두각을 나타내었는데, 그 과정에서 두 가지 특징이 주목된다.

먼저 채수는 참상관으로서 중앙의 여러 요직을 역임했다는 것이다. 이 시기 그의 관력을 살펴보면 언관과 낭관을 지낸 것이 눈에 띄며, 외관직에는 한 번도 임명되지 않았다. 조선 시대 동안 외관직을 지내지 않고 당상관에 오르는 경우는 주요 관직을 독점적으로 세습하는 명문 벌족閥族 출신이거나, 채수처럼 국왕의 두터운 신임을 얻는 신료여야지 가능하였다.

채수의 관력에서 나타나는 또 다른 특징은 문한文翰을 주로 담당하며, 성종의 신임을 얻었다는 것이다. 채수에 대한 성종의 각별한 관심은 채수가 예문관과 홍문관에서 오랫동안 근무한 사실을 통해 확인할 수 있다. 앞서 1420년(세종 2) 세종은 학문 연구를 비롯해 인재 양성과 문풍 진작을 목적으로 궁중에 집현전集賢殿을 설치한 적이 있었다. 집현전에서는 젊은 엘리트 문신들이 학사學士로 활동하였고, 여러 문화 사업을 진행하며 세종 연간 태평성세를 이룩하는 데 큰 기여를 하였다. 그러나 1456년(세조 2) 집현전은 혁파되었다. 세조의 왕위 찬탈에 반발하는 집현전 학사 출신의 문신 관료와 당시의 집현전 학사가 주축이 되어, 단종 복위를 도모하는 이른바 사육신死六臣 사건을 일으켰기 때문이다.

성종은 조부인 세조가 혁파한 집현전을 부활하고자 하였다. 이에 1470년 예문관의 직제를 증설하였다. 원래 예문관은 국왕의 교서 작성을 담당하였으며, 특히 7~9품의 전임관은 사관史官으로서 국왕의 언행을 기록하였다. 여기다가 성종은 이전 집현전 직제에 있었던 정3품 부제학에서 종6품 부수찬에 이르는 관직을 증설한 것이다. 채수가 1470년 예문관부수찬에 임명된 후 오랫동안 예문관에 복무한 것도, 성종이 이들에게 옛 집현전 학사의 일을 부여했기 때문이다. 그리고 1478년 성종은 예문관에서 옛 집현전이 하던 일을 분리하여 홍문관을 새롭게 설치하였다. 당시 예문관에 근무하고 있던 채수도 자연스레 홍문관으로 부서를 옮기게 되었다. 조선 전기 왕조의 정치·제도·문화 등을 정립한 관료들이 대부분 집현전·홍문관 출신이라는 점을 감안한다면,

이러한 경력은 당대 채수의 명망과 문한으로서의 능력을 잘 보여주는 대목이다.

이 시기 채수에 대한 성종의 신임은 여러 일화를 통해 짐작할 수 있다. 일찍이 채수는 언관으로 있으면서, 국왕과 학문을 논의하는 경연관經筵官을 겸직하였다. 채수는 당시 김종직·홍귀달 등과 경연 자리에서 학문을 논의함과 동시에 국정 쇄신과 관련된 건의를 여러 차례 하였다. 성종은 그런 채수를 신임하였고, 술과 좋은 초를 하사하기도 했다. 또한 성종은 그를 호련瑚璉에 비교하며, 칭찬한 적도 있었다. 호련은 고대 중국에서 신께 바치는 귀한 제물을 담는 제기祭器이다. 공자는 자신의 제자인 자공子貢을 호련에 비유하였는데, 이로부터 호련은 뛰어난 인재를 비유하는 용어로 사용되었다.

채수가 사가독서賜暇讀書한 이력도 주목할 만하다. 사가독서 제도는 인재 양성을 목적으로 젊은 문신들에게 일정 기간 휴가를 주어 독서에 전념할 수 있도록 기회를 주는 것인데, 세종 때 처음으로 실시되었다. 사가독서 제도도 세조 때 중단되었지만, 성종이 옛 집현전 제도를 복구하는 과정에서 부활시켰다. 이에 1476년 성종은 채수를 비롯해 권건權健·허침許琛·유호인兪好仁·조위·양희지楊熙止 등 6인에게 사가독서를 위한 휴가를 주었다. 당시 채수와 함께 사가독서를 한 인사들은 모두 명사로서 훗날 이름을 떨치게 된다. 또한 사가독서의 모임을 바탕으로 6인의 관계도 더욱 돈독해졌다. 1492년(성종 23) 이들은 옛적 사가독서를 함께한 추억을 기리기 위해 한양 용산의 장의사藏義寺에서 모임을 가지게 된다. 장의사는 사가독서를 부여받은 문신들의 공부 장소, 즉 독서당讀書堂이 설치된 장소였다. 이 모임에서 조위는 당시의 추억을 떠올리며, 다음과 같은 시를 지었다.

병신년(1476)에 처음	初丙申
명을 따라 이 절에서 독서를 시작해서,	承命讀書本寺
무술년(1478) 3월에 이르러 파하였네.	至戊戌三月而罷
지금 임자년(1492)에 이르도록,	及今壬子
15년 동안	十五年
우리 6인은 모두 아무 탈 없이,	吾六人者俱無恙
높은 관직에 올랐으니,	位通顯
영광과 행운이 지극하다고 하겠다.	榮幸至矣
공직하는 여가에,	供職之暇
옛적 노닐던 곳을 찾아 나서니,	尋討舊遊
규圭와 벽璧이 서로 비추고,	珪璧相映
훈塤과 지篪가 서로 어울리니,	塤篪相和
그 즐거움이 어떠하겠는가?	其爲樂何如也

–『매계집梅溪集』 권1, 「녹중유장의사시錄重遊藏義寺詩 기허우상헌지寄許右相獻之」

한편, 1480년 채수는 좌승지에 올랐는데, 어떤 일에 연루되어 좌부승지로 강등되는 사건이 발생하였다. 이때 다른 신료들은 강등이 아니라 다른 부서로의 전임이 마땅하다고 주장하였다. 하지만 성종은 "아무(채수) 같은 사람은 왕명을 출납하는 데 없어서는 안 될 사람인데 경들은 어떻게 내 생각을 알겠는가!"라며 들지 않았고, 몇 달 뒤에는 오히려 채수를 도승지都承旨로 승진시켜 주었다. 성종의 파격적인 대우에 채수는 계啓를 올려 사양하였다. 그러자 성종은 어찰御札을 보내고, 옛 명신의 고사를 들어 격려해 주었다는 이야기가 전한다.

1469년 문과 급제 후 채수는 국왕의 총애 속에 젊은 엘리트 관료로서 두각을 나타내었다. 뛰어난 문장 능력을 바탕으로 문한의 요직에서 근무하였고, 당대의 명사들과 교유하였다. 북송의 재상 여몽정과 비견되며, 재상에 오를 인물로 촉망받았다. 그러나 채수의 관직 생활은 순탄하게 이어지지 않는다. 곧 있을 정치적 격변의 소용돌이에 휩쓸리게 된 것이다.

3) 굽히지 않은 신념

성종이 즉위하면서 정치 지형에 큰 변화가 생겼다. 13세의 어린 나이로 즉위한 성종은 성장하면서 당시 권력을 가지고 있던 훈구 세력을 견제하기 위해, 새로운 인재를 발탁하기 시작하였다. 그 중심에는 김종직이 있었다. 김종직을 필두로 한 신진 세력은 중앙보다는 향촌 사회에 기반을 둔 정치 세력으로서, 역사상 사림파로 불린다. 성리학의 정통적 계승자로 자부하였으며, 절의를 숭상하였다. 이러한 성향은 당대 역사를 바라보는 시각에서도 그대로 드러났다. 사림 세력은 사육신을 비롯해 단종 복위를 도모했던 인사들을 역신이 아닌 충신으로 평가하였다. 성종이 세조의 손자인 것을 감안한다면, 사림 세력의 이 같은 역사 인식은 정치적으로 파장을 불러일으킬 수밖에 없는 사안이었다.

성종 연간에 또 하나의 중요한 정치적 변수가 있었는데, 그것은 바로 세자가 연산군이라는 것이었다. 연산군의 생모는 1479년(성종 10) 폐위되고 그로부터 3년 뒤 사사된 폐비廢妃 윤씨尹氏다. 연산군이 왕위에 오르게 된다면, 폐비 윤씨 사건은 언젠가 정치적으로 큰 파장을 불러일으킬 도화선이 될 수 있었다.

채수는 성종부터 연산군을 거쳐 중종 재위 초까지 여러 관직을 역임하였다. 특히 성종 재위 중반부부터는 당상관으로서 정치적으로 영향력을 가진 위치에 서게 된다. 당시 성종은 대신과 중신 등 당상직에는 주로 훈구 계열 관료를 배치하고, 이들을 견제할 언론 삼사에는 사림 계열의 젊은 관료를 포진시켰다. 그렇게 신료들 간의 힘의 균형을 맞춘 성종은 국정을 주도하며 왕조의 성세를 이루기 위해 노력하였다.

채수의 정치적 성향은 가문의 배경과 그가 교유한 인사의 면면을 살펴볼 때 훈구 세력에 가깝지만, 주변 인사 중에는 사림 계열도 다수 확인된다. 정치적 쟁점을 대할 때도 채수는 특정 계열에 경도되지 않았다. 오히려 뚜렷한 신념을 가지고 불의에 굽히지 않으며, 직언하는 모습을 보여 주었다.

채수가 정치적 사안에 대해 본격적으로 목소리를 낸 것은 임사홍任士洪(1445~1506) 부자에 대한 탄핵의 일이다. 1478년 홍문관과 예문관의 응교를 겸직하고 있던 채수는 양관兩館의 동료들

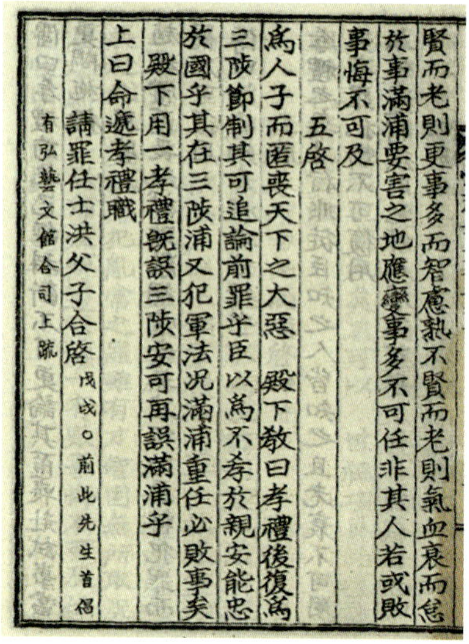

賢而老則吏事多而智慮熟不賢而老則氣血衰而怠
於事滿浦要害之地應變事多不可任非其人若或敗
事悔不可及
五啓
爲人子而匿喪天下之大惡 殿下敎曰孝禮後復爲
三陟節制其可追論前罪乎臣以爲不孝於親安能忠
於國乎其在三陟浦又犯軍法況滿浦重任必敗事矣
殿下用一孝禮旣誤三陟安可再誤滿浦乎
上曰命遞孝禮職
請罪任士洪父子合啓 戊戌○前此先生首倡
有弘藝文館合司上疏

『난재집』 중 「청죄임사홍부자합계」(한국국학진흥원 제공)

과 함께 임사홍 부자를 탄핵하는 상소를 올렸으며, 조정에서 여러 차례 그들의 간사함과 비행을 아뢰었다. 특히 1478년 4월 29일 채수는 성종에게 임사홍과 그의 부친 임원준任元濬(1423–1500)에 대해 다음과 같이 아뢰었다.

신은 임사홍과 같은 벼슬이므로 항상 같이 있어서 그 사람됨을 보니, 음험陰險하고 심술心術이 바르지 못하나 일을 말지 아니하여 구체적으로 들 수가 없었습니다. 그러다 요즘 일을 행한 자취를 보건대, 전일에 본 것과 합치하기 때문에 소인이라고 이르는 것입니다. 임원준은 용瑢(안평대군安平大君 이용李瑢)의 집 문객門客으로서 약을 훔쳐 도망하였고, 또 과거에서 글을 대신 지어 죄를 받았으니, 당시 재상 가운데에는 이 같은 사람이 있지 아니합니다. 나라 사람이 모두 탐욕스럽고 간사하다고 말하기 때문에 간사하고 탐락하다고 지목하는 것입니다.

– 『성종실록』 권91, 9년 4월 29일

이 무렵 임사홍은 도승지에 있으면서, 좌리공신佐理功臣에 녹훈된 부친 임원준과 함께 성종의 총애를 믿고 권세를 떨치고 있었다. 그렇기에 세간에서는 임원준을 대임大任, 임사홍을 소임小任이라 부르기도 했다. 당시 여러 사람이 임사홍 부자를 비난하였지만, 그중에서도 채수가 가장 강경하였다. 이후 임사홍에 대한 채수의 비난이 더욱 심해지자, 성종이 채수에게 국문을 가하라는 명령을 내리게 되면서, 홍문관의 여러 동료와 함께 채수는 파직당하였다. 결국 이 사건은 이심원의 극간極諫으로 임사홍이 유배되고, 채수가 복직하는 것으로 일단락된다.

이심원은 임사홍의 처조카[妻姪]이자, 채수에게는 생질이다. 채수와 이심원은 임사홍과 가까운 인척이었지만, 그의 간사함으로 인해 나라가 위태로워질 것임을 예견하였다. 실제로 임사홍은 1491년 아들 임숭재任崇載가 성종의 사위가 된 이후로 더욱 권세를 부렸으며, 임사홍·임숭재 부자는 연산군의 폭정을 조장한 간신으로 지목받게 된다.

임사홍에 대한 탄핵 상소가 채수의 선견지명을 보여 주는 사건이라면, 병자옥사丙子獄事 때 연루된 인사에 대한 신원 청원은 그의 어진 처신을 확인할 수 있는 대목이다. 여기서 병자옥사는 1456년(세조 2) 사육신死六臣의 단종 복위 운동으로 일어난 대규모

옥사를 뜻한다. 1481년 흉년이 들자, 도승지를 맡고 있던 채수가 입대하여 이 사건을 거론하였다.

> 병자년의 옥사는 원통하고 과도하게 죄를 받은 이가 많으니, 벌이 처자식에게 미치지 않는 것이 선왕의 법전입니다. 하물며 천도天道는 10년이면 반드시 변하니, 마땅히 방면하여 하늘의 뜻을 받드십시오.
>
> -『국역 국조인물고』 29, 「채수」

성종은 채수의 극론을 듣고 크게 깨달은 바가 있어 병자옥사에 연좌된 수백 명을 풀어 주었다. 조선 후기에 이르러 병자옥사에 연루된 자들이 충신으로 재평가받지만, 이때까지만 하더라도 이들은 분명 역적으로 규정되었다. 더구나 성종은 세조의 손자였다. 연좌제로 고통받고 있던 사람들에 대한 동정론마저도, 자칫 세조에서 성종으로 이어지는 왕통을 부정하는 것으로 오해받을 수 있었다. 특히 세조 이후 공훈을 바탕으로 권력을 획득한 훈구 계열 입장에서는 이 사안에 대해 민감하게 반응하였다. 성종 연간 사림파 계열에서는 정부에서 소릉昭陵 복위, 즉 폐위된 단종의 생모 현덕왕후顯德王后의 복위를 주장하거나, 사육신의 행적을 재평가하는 『육신전六臣傳』을 저술하는 등 훈구 세력과의 갈등이 심화되고 있었다. 그런 가운데 채수가 앞장서서 병자옥사 연루자에 대한 신원을 적극 요구하였고, 성종의 결단을 이끌어 낸 것이다. 이 때문에 세상 사람들은 채수를 "진실로 어진 사람의 말이란 이렇게 널리 이로운 것이다."라며 칭송하였다.

1482년 채수는 장례원판결사掌隸院判決事를 거쳐 사헌부대사헌司憲府大司憲에 올랐다. 34세의 비교적 젊은 나이에 시정時政을 논하고 백관을 규찰하는 사헌부의 수장이 된 것이다. 이때 성종은 채수에게 "모름지기 대사헌에는 강개慷慨로운 사람을 써야 하는데, 경은 승지로 오래 있어 내가 그 마음을 아노라."라고 말하였다. 또한 금대金帶를 주고 국왕의 손님인 의빈儀賓으로 대우하는 등 채수에 대해 극진한 믿음을 보여 주었다.

그러나 같은 해 8월 경연 자리에서 채수는 성종의 심기를 크게 건드리게 된다.

> 윤씨尹氏의 죄를 정할 때에 신이 승지로 있으면서 이창신李昌臣과 더불어 궁내에서 나온 언문을 번역하여 그의 죄악상을 길이 후세에까지 보이도록 청했습니다. 그래서 신이 윤씨의 죄악상을 알고 있습니다만, 그러나 이미 지존至尊의 배필로서 국모가 되었던 분인데, 이제 폐위되어 여염에 살게 하는 것은 너무나 무람없는 듯하니, 온 나라의 신하와 백성들이 누구라도 애처롭게 여기지 않겠습니까? 그리고 또 금년은 흉년이 들었는데, 아침저녁으로 공급되는 것이 또한 어찌 넉넉할 수 있겠습니까? 신은 (윤씨가) 처음 폐위를 당하였을 때에도 따로 처소를 정하여 공봉供奉하기를 청하였었습니다.
>
> – 『성종실록』 권144, 13년 8월 11일

위와 같이 채수는 연산군의 생모인 폐비 윤씨를 동정하였다. 폐비 윤씨는 1473년 후궁으로 간택되었고, 1476년 왕비로 책봉되었다. 후궁이 왕비로 승격되는 것은 매우 이례적인 일인데, 성종의 총애가 있었기 때문에 가능하였다. 그러나 윤씨는 1479년

모종의 이유로 성종과 그 모후인 인수대비仁粹大妃에 의해 폐비되어 친정으로 쫓겨났다. 윤씨가 투기가 심해 성종의 얼굴에 손톱자국을 냈다든가, 다른 후궁을 독살하려 했다는 이유에서였다. 당시 채수는 승지의 자리에 있었다. 그런 윤씨가 폐비된 후 여염집에서 어렵게 살고 있자, 채수는 한때 국모였던 점을 감안하여 조정에서 보살펴 주기를 청원한 것이다.

경연에서 채수의 말을 들은 성종은 언성을 높이며 꾸짖었다.

> 윤씨의 죄는 이루 다 말할 수가 없다. … 만일 국모로서의 행동이 있었던들 마땅히 국모로서 대우하였을 것이다. 이미 서인庶人이 되었는데, 여염에 살게 하는 것이 어찌 무람없다고 하겠는가? 그런데 경들이 어찌 국모로서 말을 하느냐? 이는 다름이 아니라 원자元子에게 아첨하여 후일의 지위를 위하려고 하는 것일 것이다.
>
> -『성종실록』 권144, 13년 8월 11일

폐비 윤씨의 일은 내명부뿐만 아니라 성종 자신과 직접 관련된 사건이기에 민감할 수밖에 없었다. 나아가 성종은 당시 원자였고, 이후 1483년에 세자에 책봉되며, 1494년 왕위에 오르는 연산군에게 아첨하기 위한 언사라고 의심하였다.

이 일로 인해 채수는 국문을 받고 파직되었다. 그리고 3년간 관직을 떠났다가, 1485년 직첩을 돌려받고 조정으로 돌아왔다. 이후 1486년 충청도관찰사忠清道觀察使로 부임하였고, 1488년 성균관대사성成均館大司成에 제수되었다. 이듬해 부친상을 치렀으며,

1494년(성종 25) 호조참판戶曹參判에 제수되었다. 이때 채수의 나이가 46세였다. 34세에 종2품 대사헌에 올랐지만, 12년 뒤에 제수받은 호조참판도 종2품이었다. 이후 채수는 중종 재위 초반에 관직을 버리고 낙향할 때까지 관직이 정체된다. 폐비 윤씨의 일로 성종의 눈 밖에 나고 말았으며, 권력에서도 멀어질 수밖에 없었다.

채수는 과거 급제 후 10년 만에 재상에 오를 인재로 촉망받았고, 대사헌에 오르기까지 승승장구하였다. 그런 그의 행보가 더 이상 빛을 보지 못한 것을 안타깝게 생각할 수도 있다. 하지만 한편으로 권세를 떨치던 임사홍 부자를 탄핵하고, 병자옥사에 연좌된 인사의 신원을 극론했으며, 폐비 윤씨의 일을 과감하게 거론한 것에서, 무엇보다 권력에 굽히지 않던 그의 신념을 우리는 확인할 수 있다. 그렇기에 훗날 홍여하洪汝河(1620-1674)는 채수의 행적 중 폐비 윤씨의 일은 채수가 지자智者이기 때문에 가능했으며, 병자옥사를 거론한 것은 채수가 인자仁者이기 때문에 가능한 일이었으며, 임사홍을 배척한 것은 채수가 용자勇者이기 때문이라고 평가하였다.

4) 피할 수 없는 시련, 그리고 낙향

1494년 채수는 모친상을 당했다. 그리고 같은 해 성종이 붕어崩御하고 연산군이 즉위하였다. 1496년 채수의 장자 윤권이 진사시에 합격하였으며, 이를 전후해서 손주들도 얻게 된다.

1496~1498년 동안 채수는 한성부좌윤漢城府左尹·동지중추부사同知中樞府事·상호군上護軍 등에 제수되지만 모두 고사하였다. 그런 가운데 1497년 채수는 함창 이안의 종남산終南山(오봉산) 별서에 청허정사淸虛精舍를 지었다. 이 무렵 그는 은퇴와 낙향을 염두에 둔 듯하다.

1498년(연산군 4) 어느덧 채수의 나이도 50세 지천명知天命에 이르렀다. 채수는 입신과 출세에 더 이상 미련을 가지지 않았지만, 다시 한번 정국의 소용돌이에 휘말리게 된다. 그해 무오사화戊午士禍가 일어난 것이다.

무오사화는 유자광柳子光을 비롯한 훈구 세력이 사림파를 숙청하기 위해 일으킨 사건이었다. 당시 훈구 세력은 『성종실록』을 편찬하는 과정에서 김종직이 젊은 시절에 쓴 「조의제문弔義帝文」이 사초史草에 들어가 있는 것을 발견하였다. 이 글은 1457년 김종직이 항우項羽에 의해 죽임을 당한 후초後楚의 어린 황제 의제를 조문하기 위해 쓴 글이었다. 그런데 1457년은 바로 강원도 영월에 유배되어 있던 단종이 죽은 해로, 실상은 단종의 죽음을 애도하기 위해 쓴 글이다. 훈구 세력이 「조의제문」을 빌미로 사림파의 불충과 불순함을 아뢰자, 격노한 연산군은 사림파를 대대적으로 숙청하였다. 이미 죽은 김종직은 부관참시剖棺斬屍를 당하였고, 그의 문인으로 정부에서 사림 세력을 이끌고 있던 김일손金馹孫·권오복權五福·권경유權景裕 등은 능지처참凌遲處斬에 처해졌다. 그 외에도 많은 사림파 인사가 유배 또는 파직되는 등 무오사화로 말미암아 김종직의 문인으로 구성된 사림파는 정치적으로 큰 타격을 입게 된다.

당시 채수는 사림파에 속하지 않았지만, 김종직을 비롯한 사림 계열 인사들과 교유하며 인적 관계를 형성하고 있었다. 또한 선왕 대에 병자옥사에 연좌된 자들의 신원을 청원한 전적이 있었기 때문에 조심스러울 수밖에 없었다. 이에 그는 병을 칭탁해 두문불출하고, 항상 술에 취해 있으면서 세상의 일에 간여하지 않으려 했다.

무오사화라는 큰 폭풍이 지나간 후 조정은 채수에게 다시 관직을 제수하였다. 채수는 1499년 예조참판, 1500년 홍문관제학, 1501년 형조참판에 제수되었지만, 참판직은 사양하고 나아가지 않았다. 1502년에는 평안도관찰사로 부임하였는데, 이듬해 장자 윤권의 사망과 신병을 이유로 사직하였다. 그리고 1504년(연산군 10) 한직인 호군護軍에 제수되었다.

이 시기 연산군의 폭정은 더욱 심해졌다. 정상적인 군주의 모습과는 거리가 멀었다. 이러한 연산군을 이용하여 권력을 획득하려 한 자가 있으니, 바로 성종 연간에 채수가 탄핵했던 임사홍이었다. 임사홍과 신수근愼守勤 등 외척 세력은 폐비 윤씨의 폐출과 사사賜死 사건의 전말, 그 과정에서 윤씨가 겪은 억울함과 원통함을 연산군에게 아뢰었다. 연산군은 폭발하였고, 윤씨의 폐위와 사사에 동조하거나 방관한 신료들을 대거 숙청하였다. 이미 죽은 자는 부관참시했고, 관련자들의 자녀와 가족, 그리고 일족에 이르기까지 연좌의 죄를 물었다. 이 사건이 바로 1504년에 일어난 갑자사화였다. 갑자사화의 잔혹함은 무오사화와 비교할 바가 아니었다. 사림파와 훈구파 가릴 것 없이 수많은 신료들이 죽거나 유배당했고, 매를 맞은 인사도 부지기수였다. 채수의 생질 이심원도 두 아들과 함께 죽임을 당했다.

무오사화 이후 자신을 드러내지 않던 채수도 갑자사화의 잔혹한 피바람을 피하지 못하였다. 윤씨가 폐위되던 1479년 채수는 왕명을 출납하는 승지직을 맡고 있었다. 그때 채수는 성종에게 폐위를 결정한 인수대비의 언서諺書를 사관에게 하달하여 기록으로 남길 것을 청하였다. 이러한 채수의 행적을 보고받은 연산군은 전교를 내려, 채수를 장杖 70대에 처하라고 지시하였다. 그러자 김감에게 시집간 채수의 큰딸이 글을 올려, 자신의 아비가 전날 폐비 윤씨의 일에 대하여 극력하게 간하였음을 호소했다. 그러나 연산군은 채수가 간하기만 했지, 끝내 중지시키지 못했다는 이유를 들며, 다만 형벌을 태笞 50대로 감면해 주었다. 얼마 후 채수는 경상도 단성현丹城縣으로 유배되었고, 수개월 후 윤씨의 일을 간한 공이 참작되어 석방되었다.

채수의 시련은 여기서 끝나지 않았다. 갑자사화 이후 연산군의 광기와 폭정은 더욱 심해졌다. 도성 도처에서는 연산군의 폭정을 비난하는 익명서가 발견되었다. 연산군은 자신을 비난하는 익명서가 보고될 때마다, 무고한 사람을 처벌하였다. 1505년에도 도성에서 익명서가 발견되자, 연산군은 예전에 중형을 당한

고양 서삼릉에 위치한 폐비 윤씨의 회묘懷墓(국가유산청 제공)

신료의 가족이 범인일 것이라 의심하였고, 채수 등의 자제를 잡아 국문하라고 명하였다. 1506년 1월 1일 연산군은 채수의 복직을 지시하였으며, 1월 22일에는 창경궁으로 채수와 김감 등의 신료들을 불러 술자리를 열었다. 이 자리에서 연산군은 옛적 당나라 시인이 지은 시를 읊은 후 채수에게 소감을 물었다. 연산군의 의중을 알 수 없었던 채수는 그저 잘된 시라고 답하였는데, 연산군은 크게 노하며 "누가 너에게 시 잘한다고 하더냐!"라고 말하였다. 그리고 좌우의 사람을 시켜 채수를 구타한 후 궁궐에서 내쫓았다. 그 후 1월 24일에 연산군은 여러 신료에게 꿩고기를 내렸다. 채수도 꿩고기를 받았는데, 이때도 연산군은 이상한 광증을 드러내며, 꿩고기를 전달한 별감別監을 대접하지 않았다는 이유로 채수 등을 국문하라고 명했다.

이처럼 연산군의 폭정은 날이 갈수록 심해졌다. 결국 1506년(중종 1) 박원종朴元宗·성희안成希顔·유순정柳順汀 등은 연산군을 폐위하고, 이복동생인 진성대군晉城大君(중종)을 옹립하기로 결의하였다. 그리고 같은 해 9월 2일 중종반정을 일으키게 된다. 채수는 반정에 직접적으로 참여하지 않았지만, 중종반정 공신인 정국공신靖國功臣 4등에 녹훈되고 인천군에 봉해졌다. 중종반정을 주도한 인사는 비교적 소수였다. 따라서 거사 후 지지 세력을 확보할 필요가 있었고 명망 있는 신료들을 공신으로 참여시켰다. 만약 참여를 거부하는 인사가 있으면 연산군에 동조한 세력으로 몰았다.

이러한 급박한 분위기 속에 채수가 반정군의 편에 선 것과 관련된 한 일화가 전한다. 반정군은 거사를 앞두고 명분과 외연을 확보하고자 채수를 포섭하려 했다. 그래서 거사 날 채수를 청하고자 했지만, 채수가 오지 않을 것이라는 의견이 있었다. 박원종은 만약 채수가 오지 않겠다고 한다면, 그의 목을 가져오라고 지시하였다. 이러한 분위기를 파악하고 있던 사위 김감은 장인 채수가 분명히 가지 않을 것이라고 생각했다. 그래서 꾀를 내어 부인에게 장인을 부르게 한 후, 장인에게 술을 대접해 취하게 하였다. 김감은 술에 취한 장인을 모셔다 준다며 거사가 일어난 대궐

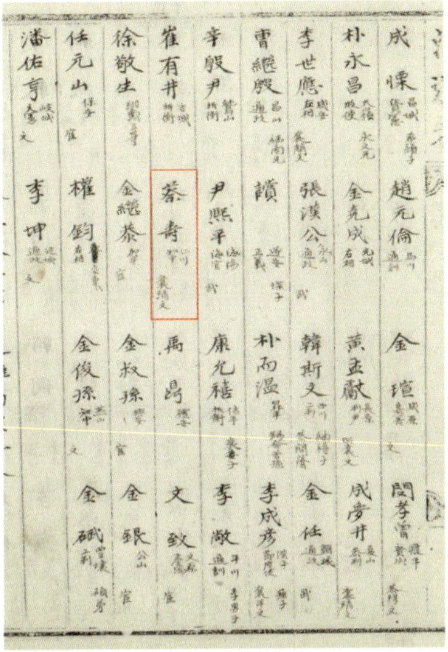

『청선고』「녹훈」 편에 채수가 정국공신 4등으로 수록된 기록
(서울대학교 규장각한국학연구원 제공)

로 보냈고, 그렇게 채수는 의도치 않게 반정에 휩싸이게 된다. 시간이 흘러 술에서 깬 채수는 뒤늦게 반정이 일어난 사실을 알고 "이게 어찌할 일인가! 이게 어찌할 일인가!"라고 땅을 치며 절규하였다.

반정 후 중종과 공신 세력은 채수를 중용하고자 했다. 그러나 채수는 사직을 계속 청하였다. 젊은 시절 함께한 동료들도 세상을 떠난 후였고, 육경六卿과 삼상三相 이하가 모두 후배들이어서 알 만한 사람도 없었기 때문이다. 이에 "젊을 때 임금이 알아주셔서 녹을 먹은 지 40여 년이 되어 영화를 누림도 이미 극도에

달했으니 물러가지 않고 무엇할 것인가!"라고 탄식했다. 그리고 나이가 들고 병약하다는 이유로 끝내 조정의 부름을 사양한 후 가족을 데리고 처향인 함창으로 내려오게 된다. 그의 나이 58세 때의 일이다.

1507년 봄 채수는 함창 이안에 쾌재정을 지었다. 복잡한 세상일을 끊고 이곳에서 소요하며 만년을 보내기로 결심하였다. 부친이 그랬던 것처럼 거문고를 즐겼고, 학을 두고 완상玩賞하였다. 쾌재정의 벽장에는 책이 가득했다. 날마다 자제들과 경전과 역사를 공부하는 것을 낙으로 삼았다.

그렇게 채수는 만년을 유유자적하게 보내고자 했지만, 한 번 더 시련을 겪게 된다. 1511년(중종 6) 필화筆禍 사건으로 처벌받은 것이다. 채수는 은둔하고 있던 동안 소설집 『설공찬전』을 저술하였다. 죽은 사람이 산 사람의 몸속에 들어가 저승의 이야기를 전하는 내용인데, 큰 인기를 얻어 경향京鄕 각지 사람들이 한글과 한문으로 베껴 돌려봤다. 그런데 그 내용이 매우 파격적이었다. 이에 1511년 9월 2일 사헌부는 다음과 같이 중종에게 아뢰었다.

> 채수가 『설공찬전』을 지었는데, 내용은 모두 화복禍福이 윤회輪廻한다는 논설입니다. 매우 요망한데 중외中外가 현혹되어 믿고서, 문자로 옮기거나 언어諺語(한글)로 번역하여 전파함으로써 백성들을 미혹시킵니다. 사헌부에서 마땅히 행이行移하여 거두어들이겠으나, 혹 거두어들이지 않거나 뒤에 발견되면, 죄로 다스려야 합니다.
>
> -『중종실록』 권14, 6년 9월 2일

사헌부의 의견에 중종은 『설공찬전』을 수거해 불사르게 하고, 내어놓지 않는 자는 요서妖書를 은밀히 숨긴 것에 대해 법률로 다스리라고 명하였다. 그리고 채수는 파직당하였다. 하지만 신료들은 매우 강경하였다. 특히 사헌부는 '부정한 도道로 정도正道를 어지럽히고 인민을 선동하여 미혹케 한 율'을 적용해, 채수를 교수絞首하자고 청했다. 중종은 이런 일로 교수한다는 것은 지나친 처사라고 생각했다. 채수를 어떻게 처벌할 것인가에 대한 논쟁은 그해 12월까지 이어졌다. 결국 채수는 중종의 배려로 목숨을 건질 수 있었고, 다시 인천군에 봉해졌다.

그렇게 파란만장한 삶을 보낸 채수는 1515년 11월 8일 67세의 나이로 고향 함창에서 세상을 떠났다. 묘소는 경상북도 상주시 공검면 율곡리에 마련되었다. 훗날 그에게 '양정'이란 시호가 내려졌고, 자헌대부資憲大夫 의정부좌참찬議政府左參贊 겸 예문관제학藝文館提學에 추증되었다.

▲ 난재 채수 묘소(경상북도 상주시 공검면 율곡리)

▼ 인천군(채수) 재실

2 새로운 세상을 꿈꾸다, 조선 최고最古의 금서『설공찬전』

1)『설공찬전』 저술의 학문적 배경

조선 후기 이긍익李肯翊이 쓴『연려실기술燃藜室記述』에서는 성종 조의 명신으로 채수를 들며, 다음과 같이 채수를 소개하였다.

> 시문을 지을 때 붓을 잡으면 이내 써 내려갔다. 산경山經과 지지地誌까지도 널리 알아 모르는 것이 없었으며, 또한 비록 외국의 일일지라도 모두 환하게 본 듯이 알았다. 일찍이 북경 사신으로 가던 도중에 명나라 어사 맹귀孟貴를 만났는데, 맹귀가 벼슬하던 지방의 일을 묻는 대로 환히 다 알아 틀림없이 대답하니 맹귀가 놀라 굴복하였다. 북경에서 운남雲南 사람 최환崔瓛을 보고, 그가 사는 곳을 묻고는 이내 길의 멀고 가까움과, 산천의 모양과 명승지를 낱낱이 말하니 최환은 크게 놀라면서, "아무 산 밑은 바로 내가

사는 곳인데 당신이 언제 와서 놀아 보았습니까?"라고 했다.

– 『연려실기술』 권6, 「성종조고사본말成宗朝故事本末」

채수에 대한 평가는 시문에 능하고 박학함을 강조하고 있다. 채수의 시문과 문장 능력은 어린 시절부터 확인되며, 과거 급제 후 예문관·홍문관 등 문한을 담당하는 관직에 오래 있었던 사실로 충분히 가늠된다.

반면, 후대 사림파에게 채수는 학자로서 좋은 평가를 받지 못한 듯하다. 채수가 활동하던 시기는 조선의 성리학적 이론 체계가 아직 정립되지 않은 시기였다. 조선 왕조는 성리학을 통치 이념으로 삼고 건국되었다. 그러나 채수가 활동하던 15세기 후반에서 16세기 초반까지만 하더라도, 학문적 분위기는 질서를 강조하는 명분론과 도덕성 수립을 위한 심성론心性論 탐구에 경도되지 않았다. 실제 조선 초 왕조의 교육 체계와 문화 사업을 주도한 세력은 관학官學 계열인 집현전 학자였다. 이들은 성리학을 본체로 여기고 있지만, 실제 국가 통치에 필요한 경제·과학·기술·지리·천문·법률·의학·역사 등 다양한 분야에 관심을 가지고 많은 업적을 남겼다.

15세기 후반 새롭게 등장한 사림 세력은 당시 왕조의 폐단과 부조리를 학문적 태도에서 찾았다. 유학에서는 수양을 통해 자신을 닦은 후 백성들을 다스린다면 이상적인 사회가 건설될 수 있다는 '수기치인修己治人'을 핵심 이론으로 삼고 있다. 사림파는 우선적으로 '수기'를 위해 성리학적 심적 수양이 필요하다고 했으며, 그런 이후에 관직에 나아가 백성을 통치할 수 있다고 보았다. 그러면서 관학파를 계승한 훈구파의 학문 자세를 '수기'를 위한 수양을 하지 않으면서, 오로지 과거 급제를 위한 문사文詞에 치중하고, 수양과 무관한 잡다한 학문이나 이단異端에 관심을 가진다고 비판하였다. 즉, 사림파는 '수기'를 이루지 못한 훈구 계열이 문벌과 요행을 통해 관직에 올라 백성을 통치했기 때문에 당대의 여러 폐단과 부조리가 발생했다고 진단한 것이다.

따라서 강경한 사림파의 입장에서 시문에 능하고 박학하였으며, 이단적 작품인 『설공찬전』을 저술한 채수에 대한 정치·학문적 평가는 냉혹할 수밖에 없었다. 예컨대 1517년(중종 12) 사림파의 영수 조광조趙光祖(1482-1519)는 조강朝講 자리에서 이심원의 절의를 논했는데, 그때 채수에 대해 "심원은 채수의 족질이 되나 채수는 경박한 사람이니, 저렇게 뜻이 커서 잔일을 돌보지 않는 이가 어찌 채수를 허락하고 사귀었겠습니까?"라고 평가하였다. 당시 사림파가 재등장하여 훈구파에 도전하는 정국의 흐름 속에 조광조는 이심원과의 관계를 억측하며 채수를 부정적으로 본 것이다. 또한 이 시기 조광조를 필두로 한 기묘사림己卯士林 세력은 학문적 평가에서 도학道學(성리학)을 절대적 기준으로 삼으며, 왕조초 문물 정비에 앞장선 관학 계열이 아니라 '정몽주鄭夢周-길재吉再-김숙자金叔滋-김종직金宗直-김굉필金宏弼·정여창鄭汝昌'으로 이어지는 사학 계열을 도통道統 계보로 설정하였다. 이러한 분위기

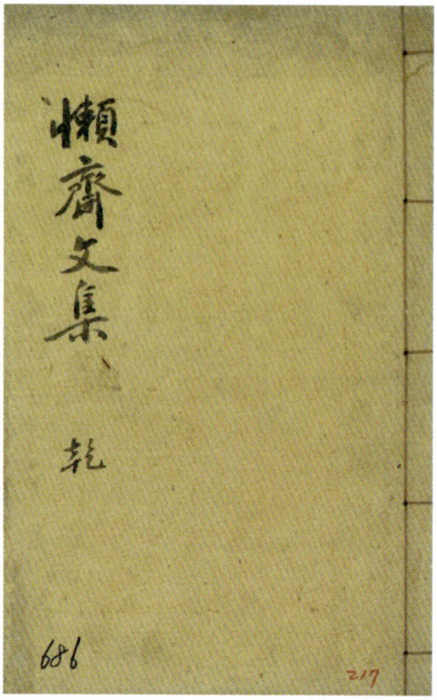

채수의 『난재집』(한국국학진흥원 제공)

속에 채수에 대한 부정적 평가가 이루어진 것이다.

채수는 오랜 기간 문한에 종사하고 여러 문헌을 섭렵하였기에 다수의 문적을 남겼을 가능성이 높다. 그러나 현재 전하는 문적은 그리 많지 않다. 채수의 문적을 엮은 『난재집懶齋集』이 전하지만, 그의 명망을 감안한다면, 문집의 분량에서 아쉬운 면이 있다. 아마 만년에 필화 사건을 겪은 것과 무관하지 않을 것이다. 『난재집』은 1568년(선조 1) 후손 채유린蔡有隣이 칠원현감漆原縣監 재임 중에 처음으로 간행하였다. 원래 이 초간본은 채수를 비롯하여 채씨 가문의 여러 명현이 쓴 글을 엮은 『인천세고仁川世稿』에 수록되었지만, 현재 전하지 않는다. 1674년(현종 15) 후손 채지연蔡之沇이 무안현감務安縣監 재임 중에 지문誌文과 연보 등을 추가하고, 송시열宋時烈(1607–1689)에게 발문을 받아 3권 1책의 중간본을 간행하였다. 이 중간본은 다시 교정과 보판補板을 통해 후쇄본으로 편찬되었다. 그리고 1938년에 이르러 시문 등을 추가하여 4권 2책으로 증간하게 된다.

『난재집』 중간본의 후쇄본을 기준으로 살펴보면, 가장 많은 분량을 차지하는 것은 역시 시문이다. 권2 시집詩集에는 약 200수의 시가 수록되어 있는데, 채수가 관직 재임 중 명승을 유람하거나 사행使行을 할 때 창작한 작품이 많다. 명승 유람을 즐기고 지리에 큰 관심을 가졌던 그의 학문적 성향이 반영된 듯하다.

문집 중에서 채수의 정치와 학문에 관한 주관적 견해를 살펴볼 수 있는 글은 상소上疏 1편과 책문策問 4편 정도가 있다. 상소의 경우 성종 연간에 임사홍을 탄핵할 때, 채수가 홍문관과 예문관을 대표해서 작성한 것이다. 임사홍 탄핵에서 보듯이 채수는 신하로서 무엇보다 군주에 대한 직언이 중요하다고 생각했다.

이와 관련해 채수는 1472년(성종 3) 1월 5일에 열린 야대夜對에서 성종에게 직언의 중요성을 다음과 같이 언급하였다.

> 그 군주가 비록 직언 듣기를 싫어하더라도 신하로서는 마땅히 끓는 기름 가마라도 피하지 않고 감히 말하는 것이 옳습니다. 하증何曾처럼 물러나 집에서 말하는 것이 어찌 신하의 도리이겠습니까? 그러나 인군人君이 그의 잘못을 듣기 좋아하지 않으면 사람마다 다투어 아첨하게 되어 절함折檻

(강력하게 간하는 것)을 하거나 견거牽裾(끝까지 간다는 의미)를 하는 자는 드물 것입니다.

-『성종실록』 권14, 3년 1월 5일

채수는 군주가 잘못된 정사를 펼치고 권신이 전횡할 때 물러서지 않고 직언하는 것이 신하의 올바른 자세라고 보았다. 그렇기에 조위曹魏와 서진西晉의 신하로서 권신을 피해 물러났던 하증의 행보도 잘못된 것이라 평가하였다. 한편으로 군주가 어질지 못하더라도 신하라면, 군주를 끝까지 보필하는 것이 옳다고 생각하였다. 그래서 1482년 폐비 윤씨에 대해 공봉을 주장하고, 1506년 중종반정이 일어난 것을 보고 절규한 것이다.

이러한 채수의 신하관은 금서로 지정된 『설공찬전』에 더욱 잘 나타난다. 이 책을 통해 저승을 소개하면서 임금께 간하다 죽은 사람이면 저승에서 좋은 벼슬에 오를 수 있고, 임금에 올랐어도 주전충朱全忠(당나라 황실을 찬탈한 후량後梁의 초대 황제) 같은 자라면 지옥에 간다고 한 것도 같은 맥락으로 이해할 수 있다.

채수의 철학 사상에서 확인되는 특징 중 하나가 신이한 현상에 관심을 가졌다는 것이다. 문집의 책문 중에는 「귀신무격복서담명지리풍수鬼神巫覡卜筮談命地理風水」라는 글이 있다. 제목 그대로 귀신이나 무당, 점서와 풍수 등과 같은 것을 배격하는 내용이다. 그러나 사위 김안로의 「용천담적기」에 채수의 귀신 목격담이 기록된 것과 귀신이 빙의하는 소설인 『설공찬전』을 채수가 지은 것을 감안한다면, 채수는 공개적으로는 조선 사대부의 통념상 귀신 등을 배격하지만, 실제로는 귀신의 존재와 신이한 현상에 관심을 가지는 이중적 태도를 보여 준 것으로 추정된다.

비록 문집에 수록된 문적은 많지 않지만, 채수의 학문적 성향은 그의 행적과 다른 문헌에 산견되는 기록을 통해 가늠할 수 있다. 그중에서도 홍귀달이 1496년(연산군 2)에 쓴 「촌중비어서村中鄙語序」가 주목된다. 이 글은 채수가 엮은 『촌중비어』의 서문이다. 『촌중비어』는 현재 전하지 않지만, 홍귀달의 서문을 통해 제목 그대로 민간에서 수집한 이야기책, 즉 패설집稗說集이란 것을 알 수 있다.

> 어떤 사람이 나에게 물었다. "육경六經 외에는 모두 헛된 글입니다. 경은 치도治道의 율령과 같은 존재이니 마땅히 우선해야 할 것이고, 사가史家의 기록으로 말하자면 또한 빼놓을 수는 없지만 과장하고 꾸미는 폐단을 면치 못합니다. 더욱이 역사서 외에 괴이하고 궁벽한 것을 기록해서는 안 됩니다." … 내 친구 채기지蔡耆之(채수)가 벼슬에서 물러나 한가롭게 지낼 때 평소 들었던 것과 비록 속되고 저급하더라도 동료들과 나눈 농담까지 모두 빠짐없이 기록하였다. 그 부지런히 저술하고 착실히 힘을 들인 것을 볼 때 문학에 능숙한 자가 아니라면 어찌 이렇게 할 수 있었겠는가. 후인의 권계가 될 만하고 야외의 일사逸史가 될 만하며 노경의 취미 거리가 될 만하고 한가히 지낼 때의 음악이 될 만하다. 마치 사탕수수를 씹는 것과 같아 맛을 보면 차츰차츰 빨려 들어가 싫증이 나지 않으니, 어찌 육경 외에는 모두 헛된 글이라 할 수 있겠는가.
>
> –『허백당집虛白堂集』 권7, 「촌중비어서村中鄙語序」

위의 서문에 언급되어 있듯이 채수는 여러 곳을 돌아다니며 들은 이야기를 하나의 패설집으로 엮었다. 여기서 수록된 이야기는 단순히 흥미만 주는 것이 아니라, 홍귀달의 평가대로 유학 경전과 중국 역사서처럼 충분히 후대에 교훈을 줄 수 있는 것들이었다. 이러한 평가는 채수의 학문적 성향이 성리학에 경도되지 않았으며, 그가 다양한 학문과 사상에 관심을 가졌음을 보여 주는 대목이다.

한편, 채수는 학문적 성향과 별개로 항상 산수山水 간을 한유閑遊하는 은일隱逸의 삶을 지향하였다. 그의 호는 '난재懶齋', 그리고 '청허자淸虛子'이다. '난재'의 '난懶'은 게으르다는 의미로서, 일반적으로 '나'로 발음되지만 원음은 '난'으로 알려져 있다. 그렇기에 후손들은 채수의 호를 '난재'라고 부르는데, '난재'이든 '나재'이든 간에 뜻 그대로 게으르고 나른한 모습, 즉 유유자적한 삶을 지향하는 용어로 자주 쓰인다. '청허자'도 비슷한 의미이다. '청허淸虛'는 유가儒家와 도가道家 등에서 이상적인 모습을 구현하고 자족하는 모습을 상징한다. 채수는 1497년 함창에 청허정사를 지었는데, 이때 유유자적하는 만년의 삶을 구상했을 것이다.

실제로 채수는 관직 생활을 이어 가는 중에도 명승 유람을 즐겼다. 그는 1477년 개성을 유람한 후 「유송도록遊松都錄」이란 기행문을 남겼다. 또한 성종 연간에 몇 차례 파직을 당하며 한가한 동안을 틈타 금강산·속리산·지리산·가야산 등의 명산을 유람하였다. 1481년에 파직되었을 때는 친우인 성현成俔(1439~1504)과 함께 관동지방과 금강산을 마음껏 유람했는데, 특히 고성에서 이들이 놀던 대를 '신선이 내려왔다가 승천했다'는 의미인 '승

선대承仙臺'라 불렀다고 한다. 1482년에 대사헌에서 파직된 이듬해에는 속리산을 유람하였다. 당시 채수는 초라한 모습으로 술과 거문고만을 가지고 노닐었는데, 산승山僧도 그의 모습을 보고 그저 늙은 선비인 줄로만 알았다고 한다. 채수는 관직 생활 중에도 기회가 될 때마다 한유하였고, 만년에는 은둔을 선택함으로써 속세에 얽매이지 않는 자유로운 은일의 삶을 지향하였다.

이상과 같이 채수는 시문과 뛰어난 문장으로 이름이 높았다. 학문적으로는 성리학에 경도되지 않고 다양한 분야를 섭렵하였다. 특히 지리와 역사 등에 관심이 많았고, 민간의 이야기를 직접 수집하기도 했다. 또한 유학자이면서도 신이한 현상이나 귀신의 존재에 대해서도 관심을 가졌다. 관료로 활동할 때는 직언을 중요시하고 어질지 못한 군주라도 끝까지 보필해야 한다는 확고한 신하관을 보여 주었다. 그러면서도 은일의 한가한 삶과 자유로움을 추구하였다. 이러한 성향이 결과적으로 문제작 『설공찬전』의 집필로 이어진 것으로 생각된다.

2) 『설공찬전』, 세상의 빛을 보다

1996년 서경대학교 국어국문학과 이복규 교수는 새롭게 발견한 문헌에 흥분을 감추지 못했다. 당시 이복규 교수는 국사편찬위원회의 위촉을 받아 『묵재일기默齋日記』를 탈초하고 있었다. 10책으로 구성된 『묵재일기』는 이문건李文楗(1494-1567)이 1535년부터

『설공찬전 연구』 표지

1567년까지 기록한 일기로서, 16세기 생활사를 살펴보는 데 매우 중요한 자료이다. 이 자료는 충청북도 괴산의 성주이씨星州李氏 문중에서 전승되어 오다가 국사편찬위원회에 위탁되었다. 『묵재일기』가 역사 자료로서 중요하다고 판단한 국사편찬위원회는 이 책의 발간을 위해 이복규 교수 등에게 탈초 작업을 의뢰한 것이다.

이복규 교수는 탈초 작업을 진행하면서 미리 『묵재일기』 3책을 살펴보았는데, 3책의 낱장 속면에서 13쪽에 걸쳐 옛 한글로 빼곡하게 적힌 무언가를 확인하였다. 그것의 한글 제목은 '설공찬이', 바로 중종 때 금서로 지정된 『설공찬전』이었다. 1511년 왕명으로 불태워진 후 사라진 것으로 알려진 『설공찬전』이 그렇게 세상의 빛을 보게 된 것이다.

이전까지 『설공찬전』은 많은 연구자들에게 미스터리로 남겨진 소설이었다. 금서로 지정된 문제작으로 당대 큰 파장을 일으켰다는 사실과 한글로 언해되어 널리 유포되었다는 점에서 많은 연구자들이 『설공찬전』에 관심을 가졌지만, 그 실체는 전혀 알 수가 없었다. 다만, 필화 사건을 기록한 사료를 통해 『설공찬전』의 내용을 추론하였다.

예컨대 채수의 처벌을 논의한 『중종실록』의 1511년(중종 6) 9월 20일과 12월 13일의 조강 기사에서 각각 영사領事 김수동金壽童과 대사간大司諫 안팽수安彭壽는 다음과 같이 아뢰었다.

> 들으니 채수의 죄를 교수로써 단죄하였다 하는데, 정도正道를 붙들고 사설邪說을 막아야 하는 대간의 뜻으로는 이와 같이 함이 마땅하나, 채수가 만약 스스로 요망한 말을 만들어 인심을 선동시켰다면 사형으로 단죄함이 가하지만, 다만 기양技癢의 시킨 바가 되어 보고 들은 대로 망령되게 지었으니, 이는 해서는 안 될 것을 한 것입니다. 그러나 형벌과 상은 중中을 얻도록 힘써야 합니다. 만약 이 사람이 죽어야 된다면, 『태평광기太平廣記』·『전등신화剪燈新話』 같은 부류를 지은 자도 모조리 베어야 하겠습니까?
>
> –『중종실록』 권14, 6년 9월 20일

> 채수가 『설공찬전』을 지은 것은 진실로 잘못이나, 옛날에도 또한 『전등신화』·『태평한화太平閑話』가 있었는데, 이는 실없는 장난거리로 만든 것뿐으로 이지방李之芳(1509년 상중에 호위병 장살 사건을 일으킨 무반)의 일과는 다릅니다. 이미 정한 죄이지만 이제 상께서 조심하고 반성하시는 때를 맞아 감히 아룁니다.
>
> –『중종실록』 권14, 6년 12월 13일

당시 김수동과 안팽수는 채수에게 내릴 형벌을 감해야 함이 마땅하다고 주장하였다. 『설공찬전』이 문제작인 건 맞지만, 시중에 유통되고 있던 『태평광기』·『전등신화』·『태평한화골계전太平閑話滑稽傳』 등과 같은 부류의 글이기 때문에 채수만 엄벌로 다스릴 수 없다는 이유를 내세웠다.

『태평광기』는 10세기 후반에 북송北宋에서 편찬된 설화집으로 우리나라 정사서인 『삼국사기三國史記』와 『고려사高麗史』에도 인용되어 있다. 『전등신화』는 명나라 때 편찬된 괴이소설집으로 조선 최초의 소설로 평가받는 김시습金時習(1435-1493)의 『금오신화金鰲新話』에 영감을 주었다. 그리고 『태평한화골계전』은 서거정徐居正(1420-1488)이 편찬한 패설집으로 당대의 명사인 강희맹과 양성지梁誠之가 그 서문을 쓰기도 했다. 비록 『설공찬전』의 사회적 여파가 크긴 하지만, 그 유형은 저간에 유통되고 있던 중국과 우리나라의 설화나 패설에서 흔히 볼 수 있다는 것이다.

한편, 16세기 학자 어숙권魚叔權이 여러 이야기를 엮어 만든 「패관잡기稗官雜記」에는 『설공찬전』의 대략적인 줄거리가 언급되어 있다.

> 난재 채수가 중종 초 『설공찬환혼전薛公瓚還魂傳』을 지었는데, 그 내용이 매우 괴이하다. 그 끝에 이르기를 "설공찬이 남의 몸을 빌려 몇 달 동안을 머물러 있으면서 자신의 원한과 저승에서 들은 일들을 아주 자세히 말하고, 또 말하고 쓴 것을 그대로 써 보게 하여 한 자도 틀리지 않는 것은 그것을 전하여 믿게 하고자 하는 것이다."라고 하였다. 언관이 그것을 보고

논박하기를 "채 아무개가 허황되고 거짓된 책을 지어서 사람의 귀를 현혹시키고 있으니, 사형에 처하소서."라고 하였으나, 임금이 허락하지 않고 파직시키는 것으로 그쳤다.

– 『대동야승』, 「패관잡기稗官雜記」 권2

「패관잡기」에는 『설공찬전』이 '설공찬환혼전'이라는 제목으로 소개되어 있다. 1996년 이복규 교수가 발견한 한글본의 제목은 '설공찬이'였다. 『설공찬전』이 유행함에 따라 여러 사람이 『설공찬전』을 베끼게 되고, 그 과정에서 『설공찬전』에 다양한 제목이 붙여진 것으로 이해된다. 또한 「패관잡기」에서는 어떤 형식으로 『설공찬전』의 스토리가 전개되는지를 대략 소개해 놓았다. 어찌 되었든 1996년 이전까지 여러 연구자들은 제한된 정보를 바탕으로 『설공찬전』의 내용과 의미, 그리고 정치적·국문학적·철학적 의미를 추론하였으며, 이와 관련된 의견이 분분하였다. 그런 가운데 1996년 『설공찬전』이 발견되면서, 당시 큰 파장을 불러일으켰던 작품의 실체를 확인할 수 있게 된 것이다.

『설공찬전』은 『묵재일기』의 낱장 뒷면에 13쪽에 걸쳐 한글로 쓰여 있다. 다만 발견된 『설공찬전』도 완성본은 아니다. 『설공찬전』의 전체 분량이 얼마인지 알 수 없으나 후반부가 누락되어 있다. 「패관잡기」에서는 설공찬이 자신의 원한과 저승에서 들은 일들을 소개했다고 한다. 그런데 1996년에 발견된 한글본 『설공찬전』에는 원한에 관한 내용은 없으며, 저승을 이야기하다가 끊겨 버린다.

1996년에 발견된 한글본 『설공찬전』의 줄거리는 다음과 같다.

전라도 순창淳昌에는 설충란이라는 부유한 사람이 살고 있었다. 그에게는 남매가 있었는데, 딸은 결혼했지만 자녀를 낳지 못하고 죽었다. 아들의 이름은 공찬으로 공부를 잘했지만, 1504년 나이 스물에 결혼도 하지 못하고 죽었다. 설충란은 아들이 죽자 아들의 신주를 만들고 삼년상을 지냈다. 1506년 삼년상을 마치자 신주를 공찬의 무덤 곁에 묻었다.

설충란의 동생 설충수에게는 공침이라는 아들이 있었다. 1508년 7월 27일 설공찬의 누나 혼령이 설공침의 몸에 들어가 병들게 만들었다. 설충수는 귀신을 쫓는 사람인 김석산을 불렀다. 김석산이 주술을 쓰니, 견디지 못한 귀신이 물러가면서 남동생 공찬이를 데려오겠다고 하였다. 그리하여 이번에는 설공찬의 영혼이 설공침에게 들어갔다. 설공침의 몸을 빌린 설공찬은 숙부에게 재앙을 물리치려고 해도 결국 아들의 몸만 상하게 할 뿐이라고 경고했다. 설공찬의 영혼이 들어온 설공침은 밥을 먹을 때 왼손으로 먹었는데, 그 까닭을 물으니 "저승에서는 다 왼손으로 먹는다."라고 했다. 설충수는 아들의 병을 낫게 하기 위해 다시 김석산에게 부탁하였다. 김석산이 주술을 쓰니, 설공찬은 크게 노하여 설공침의 사지와 얼굴을 극도로 괴롭혔다. 이에 설충수가 용서를 빌자 그만두었다.

어느 날 설공찬이 사촌 동생 설원이와 윤자신을 불렀다. 이들이 와서 설공침의 몸에 들어온 설공찬에게 저승에 대하여 물었다. 그 물음에 설공찬은 저승의 위치가 순창에서 남쪽으로 40리 떨어진 바닷가에 있으며, 나라 이름은 단월국, 왕은 비사문천왕이라고 했다. 이승에서 명이 다해서 온 영혼은 연좌로 잡아가는데, 설공찬은 먼저 저승에 온 증조부 설위 때문에 풀려날 수 있었다고 말하였다.

위와 같이 소설의 전반부에는 설공찬이 설공침의 몸으로 들어가게 된 배경이 설명되어 있다. 그런 후 설공찬은 설공침의 몸에 들어가 저승의 위치와 왕의 이름, 영혼을 심판하는 양상을 설명해 준다. 이어 저승에 대해 들은 바를 보다 상세하게 전하는데, 이 대목은 소설 속 주인공의 이야기이지만, 채수의 철학과 세상을 바라보는 관점이 적지 않게 반영되어 있다. 이복규 교수의 『설공찬전 연구』(2003)에 수록된 해당 대목의 현대어역을 옮기면 다음과 같다.

이승에서 어진 재상이면 죽어서도 재상으로 다니고, 이승에서는 비록 여편네 몸이었어도 약간이라도 글을 잘하면 저승에서 아무 소임이나 맡으면, 세금이 줄어들고 잘 지낸다. 이승에서 비록 끔찍스럽게 죽었어도 임금께 충성·신의를 지키며 간하다가 죽은 사람이면 저승에 가서도 좋은 벼슬을 하고, 비록 여기서 임금을 하였더라도 주전충 같은 사람이면 다 지옥에 들어가 있었다.(주전충 임금은 당나라 사람이다.) 적선을 많이 한 사람이면 이승에서 비록 천하게 다니다가도 가장 품계 높이 다닌다. 서럽게 살지 않고 여기에서 비록 존귀하게 다니다가도 악을 쌓으면 저승에 가서도 수고롭고 불쌍하게 다닌다. 이승에서 존귀하게 다니고 남의 원한 살 만한 일을 하지 않고 악덕이 없으면, 저승에 가서도 귀하게 다니고 이승에서 사납게 다니고 각별히 공덕 쌓은 게 없으면 저승에 가서도 그 가지(자손?)도 사납게 다니게 된다. 민휘가 비록 이승에서는 특별히 행실이 없었어도, 청렴하다 하여 거기 가서는 좋은 벼슬을 하고 있었다. 염라왕의 궁궐은 장대하고 위엄이 아주 성하니, 비록 중국 임금이라도 미치지 못할 정도이다. 염라왕이 시키면 모든 나라 임금이나 어진 사람이나 나란히 앉히고 예악을 썼다. 또 거기에 앉은 사람들을 보니 설위도 앉아 있고 민휘는 아래에서 두어 번째 즈음에 앉아 있었다.

하루는 성화 황제의 신하 애박이를 염라왕께 보내 "아무개는 나의 가장 불쌍하게 여기는 사람이니 한 해만 잡아 오지 마소서." 하고 청하자, 염라왕이 이르기를 "이는 천자의 말씀이라 거스르지 못하고 부득이 들을 것이지만, 한 해는 너무 많으니 한 달만 주겠습니다."라고 하였다. 애박이가 다시 "한 해만 주소서." 하고 아뢰자, 염라왕이 대노하여 이르기를 "황제가 비록 천자라고 하지만, 사람을 죽이고 살리고 하는 것은 모두 내 권한에 다 속하였는데, 어찌 거듭 빌어 내게 청할 수가 있단 말인가?" 하고 듣지 않는 것이었다. 성화 황제가 들으시고는 즉시 위의를 갖추시고 친히 가신대, 염라왕 자신은 북벽에 주홍사 놓고 앉고, 황제는 남벽의 교상에 앉히고, 황제가 청하던 사람을 즉시 잡아 오라 하여 이르기를 "이 사람이 죄가 중하고 말을 내니 그 손이 빨리 삶아지리라." 하니, 성화 황제가 … (이하 없음)

- 이복규, 『설공찬전 연구』, 박이정, 2003

3) 채수가 꿈꾼 세상

『설공찬전』의 내용이 공개됨으로써, 미스터리에 싸여 있던 이 소설의 정체가 드러났다. 『설공찬전』의 내용이 알려지자 학계뿐만 아니라 대중문화에도 적지 않은 반향을 불러일으켰다.

공영방송의 교양 프로그램을 통해 『설공찬전』의 발견과 그것의 가치, 『설공찬전』이 학계에 끼친 여러 영향 등이 소개되었다. 『설공찬전』은 대중들의 흥미를 돋우는 콘텐츠로도 적극 활용되었다. 2003년에 『설공찬전』을 현대적으로 재창작한 연극 〈지리다도파도파 설공찬전〉이 공연되었으며, 2008년에 방영된 KBS 드라마 〈전설의 고향〉 시리즈의 '귀서' 편은 『설공찬전』을 소재로 한 것이다. 일각에서는 『설공찬전』을 할리우드 공포 영화인 1973년작 〈엑소시스트〉에 비견하며, 오락 프로그램이나 웹툰 등의 소

쾌재정의 『설공찬전』 안내판

재로 활용하고 있다. 나아가 몇 해 전에는 『설공찬전』의 작품 속 무대인 전라북도 순창군에 '설공찬전 테마관'이 개관되었다. 이에 상주시에서도 『설공찬전』을 알리고자, 채수가 만년에 소요한 쾌재정에 '우리나라 최초의 한글 소설 『설공찬전』'이라는 안내판을 세워 놓았다.

이처럼 『설공찬전』이 대중들의 관심을 얻을 수 있었던 것은 크게 두 가지 측면에서 접근할 수 있다. 하나는 고전문학 작품으로서 학계에 끼친 영향일 것이고, 나머지 하나는 소설 속에 투영된 채수의 사상과 현실 인식일 것이다.

먼저 『설공찬전』은 가장 오래된 한글본 소설이라는 점에서 우리나라 문학사에서 높은 위상을 가진다. 우리는 어린 시절 입시 공부를 하면서 으레 우리나라 최초의 한문소설은 김시습의 『금오신화』, 최초의 한글소설은 허균許筠(1569~1618)의 『홍길동전』이라고 배워 왔다. 다만, 『홍길동전』이 최초의 한글소설이 맞는지에 관해서는 적지 않은 이견이 있었다. 그런 가운데 한글로 남겨진 『설공찬전』이 세상에 알려지면서 고전문학 작품의 전승 양상에 대한 새로운 검토가 이루어지기 시작하였다.

『중종실록』의 1511년 9월 2일 기사에서 사헌부는 『설공찬전』을 소개하면서 "문자로 옮기거나 언어諺語(한글)로 번역하여 전파함으로써"라고 지적하였다. 한글이 1443년(세종 25)에 창제되었기에 그 이전까지 문학 작품은 한문으로 창작될 수밖에 없었다. 작품성이 뛰어나고 흥미로운 작품이라도 한문으로 창작되었다면, 하층민이나 부녀자처럼 일상생활에서 한문을 접하기 어려운 계층 사람들에게 해당 작품은 언감생심이었다. 한글 창제는 그러한 대중들의 욕구를 충족시키는 수단이 되었다. 당초 『설공찬전』은 한문으로 창작되었지만, 이 책을 읽고자 하는 일반 대중을 위해 한글로도 번역된 것이다.

『설공찬전』은 우리 문학사에서 한글로 유통된 최고最古의 소설 작품이라 할 수 있다. 또한 『설공찬전』처럼 한글로 번역된 작품의 유통은 결과적으로 순수 한글소설 창작의 촉매제가 되었다. 즉, 한글본 『설공찬전』이 후대 『홍길동전』이나 김만중金萬重(1637~1692)의 『사씨남정기』 같은 순수 한글소설 창작을 유도하는 중간다리 역할을 한 것이다.

1511년 조정의 지시로 『설공찬전』은 금서로 지정되었다. 이제 『설공찬전』을 소장만 하여도 처벌 대상이 되었다. 그렇지만 『설공찬전』을 읽고자 하는 욕구는 끊이지 않았다. 이러한 현상은 『묵재일기』에 『설공찬전』을 베낀 사실만으로도 가늠할 수 있다. 『묵재일기』 3책의 낱장 속면에는 『설공찬전』 외에도 한글로 베낀 『주생전』·『왕시전』·『왕시봉전』·『비군전』이 함께 발견되었다. 이들 소설 중에서도 당대 가장 파급력이 큰 것은 단연 『설공찬전』이다. 이들 작품에 표기된 한글의 형태나 어휘 등을 고려한다면 해당 작품을 베낀 시기는 대략 17세기 후반으로 보인다. 해당 작품을 베낀 주체는 아마 『묵재일기』를 남긴 이문건의 직계 후손일 것이며, 추정의 영역이지만 해당 작품을 베낀 목적은 한문에 익숙하지 못한 집안의 부녀자, 예컨대 어머니 같은 가까운 부녀자의 독서 여가를 위해서가 아닌가 한다.

이처럼 금서임에도 불구하고 조선 후기까지 『설공찬전』은 암암리에 유통될 수 있었다. 그것은 작품 자체의 흥미도 있겠거니와, 작품이 조선 봉건 사회에 내재된 불만과 욕구를 일정 부분 풀어 주었기 때문이라 할 수 있다.

『설공찬전』의 인기 요인은 배경 설정과 실존 인물 출연에 있을 것이다. 『설공찬전』의 시간적 배경은 1508년이다. 『설공찬전』이 금서로 지정되고 불태워진 시점이 1511년이니, 이 소설이 1508~1511년 사이에 창작되었음을 알 수 있다. 채수가 관직을 버리고 가족과 함께 함창으로 내려온 시기가 1506년이기 때문에, 채수가 『설공찬전』을 구상하고 창작한 장소도 당연히 함창이 된다. 함창으로 내려온 채수는 관직 생활 중 익힌 식견과 경험, 그리고 정치적 고초를 되돌려 보았으며, 그것이 『설공찬전』 창작으로 이어졌을 것이다.

『설공찬전』의 공간적 배경은 전라도 순창이다. 또한 작품의 등장인물 중 설공찬의 부친인 설충란薛忠蘭·설충수薛忠壽 형제와 설공찬의 증조부 설위薛緯는 실존 인물이었다. 설위는 대사성大司成을 지낸 인물이고, 설충란은 무공랑務功郎, 설충수는 좌랑에 오른 것으로 알려져 있다. 실제 순창군 금과면 일원에는 이들의 묘소가 남아 있으며, 지금도 일족인 순창설씨 일족이 세거한다. 한양과 함창 지역에 기반을 갖추고 있던 채수가 순창의 설씨 일가를 소설에 등장시킨 것은 서로 인척 사이였기 때문이다. 채수의 누이 중 한 명이 종친인 평성군 이위와 혼인했는데, 그 딸이 설충란과 혼인하였다. 즉 설충란에게 채수는 처외삼촌이 된다.

주인공 설공찬과 설공찬의 사촌인 설공침은 해당 가문의 족보에는 등장하지 않는다. 그래서 가상의 인물로 생각할 수 있다. 하지만 설공찬·설공침 모두 후사 없이 죽었기 때문에 족보에서 누락되었을 가능성도 없지 않다. 1565년 편찬된 『문화류씨가정보文化柳氏嘉靖譜』에는 설충란·설충수 형제가 등재되어 있다. 이들의 5대조가 문화류씨와 혼인했기 때문에 이 족보에 수록된 것이다.

그런데 이 족보에서 설충수의 아들로 『경주순창설씨대동보』에 없는 설공심薛公諶이 등장한다. 『문화류씨가정보』에서 설공심의 이름 아래에는 '무후無后'라고 기재되어 있다. 후사가 없다는 뜻이다. 이것이 훨씬 후대에 편찬되는 순창설씨 족보에 설공심이 누락된 이유일 것이다. 그리고 바로 설공심이 한글본 『설공찬전』에 등장하는 설공침일 가능성이 있다. '침'과 '심'의 발음이 비슷할뿐더러, 실제로 '심諶'은 과거에 '침'으로 발음되었기 때문이다.

설공찬으로 추정되는 인물은 풍양조씨豐壤趙氏 가문의 조종운趙從耘(1607-1683)이 편찬한 『씨족원류氏族原流』에서 확인된다. 이 책은 540여 개 성관姓貫의 가계 정보를 수록한 통합 족보이다. 『씨족원류』에도 설충란·설충수 형제의 가계가 수록되어 있는데, 여기에도 설충란의 아들로 '무후'인 설공심이 확인된다. 그리고 설충란의 세 아들 중 장남으로 순창설씨 족보에 없는 설공양薛公讓이 기재되어 있다. 소설 속 설공찬은 결혼도 못 하고 죽었는데, 『씨족원류』의 설공양도 자녀가 없다고 나온다. 그래서 설공찬과 설공양이 동일 인물일 가능성이 제기된다. 소설 속에서 민감한 발언을 하는 주인공이기 때문에 모종의 이유로 이름을 바꾸었을 수도 있다.

어찌 되었든 『설공찬전』은 당대를 시대적 배경으로 하고, 실존 인물이 등장한다. 그 때문에, 독자들이 『설공찬전』을 읽고 느끼는 현실감은 다른 소설과 비교할 바가 못 되었으며, 여러모로 호기심을 자극하였을 것이다. 그렇다면 『설공찬전』의 이야기는 실제로 일어난 사건일까? 『중종실록』 1511년 9월 20일 기사에서 영사 김수동은 채수의 『설공찬전』에 대하여 "보고 들은 대로 망령되게 지었으니"라고 하였다. 김수동의 발언대로라면 『설공찬전』의 이야기는 실제 있었던 사건이 된다. 혹자는 소설 속 설공침이 죽기 전 정신병을 앓았고, 스스로 설공찬의 영혼이 빙의된 것으로 생각해 저승과 이런저런 원한을 이야기한 것이라고도 한다.

그런데 『설공찬전』의 핵심은 소설 후반부에서 설공찬에 빙의된 설공침이 들려주는 저승에 관한 이야기이다. 여기에는 채수의 정치적 신념이 반영되어 있다. 그렇다면 실제 설공찬·설공침이 전해 준 저승 이야기라기보다는 채수가 이들의 입을 통해 자신의 정치·사상적 견해를 밝힌 것에 더욱 가까울 것이다.

『설공찬전』이 금서로 지정된 것은 '이단의 설'로 백성들을 미혹했기 때문이다. 여기서 이단의 설은 불교의 윤회 화복설이다. 윤회설은 대중들에게 가장 인지도가 높은 불교 교리였다. 살아생전에 지은 업력業力에 따라 내생來生의 화복이 결정된다는 설이다. 윤회설은 우리나라에 불교가 전파된 이래로 많은 사람들이 믿어왔다. 비록 조선이 성리학을 통치 이념으로 삼고 있지만, 왕실에서부터 일반 백성 층에 이르기까지 윤회 관련 설화는 널리 유통되고 있었다.

그렇다면 『설공찬전』에서 이단으로 지적된 불교의 윤회 화복설 자체는 문제가 되지 않았을 것이다. 채수가 활동하던 시기까지만 하더라도 사대부 중에는 성리학뿐만 아니라, 불교와 같은 다양한 사상에 관심을 가진 지식인들이 적지 않았다. 다만, 새롭게 등장한 사림 세력은 이러한 경향에 대해 비판적 입장을 가지고 있었다. 그렇다고 할지라도 윤회 화복설 하나로 교수형이 거론되지 않았을 것이다.

문제가 된 대목은 윤회 화복설에 해당하는 사례였다. 여기에는 당시 정치·사회적 통념상 용납할 수 없는 대목이 있었다. 앞서 『설공찬전』의 "임금께 충성·신의를 지키며 간하다가 죽은 사람이면 저승에 가서도 좋은 벼슬을 하고, 비록 여기서 임금을 하였더라도 주전충 같은 사람이면 다 지옥에 들어가 있었다."라는 말에서 우리는 직언을 중요시하고 잘못된 군주라도 끝까지 보필해야 한다는 채수의 신하관을 엿볼 수 있다고 하였다.

그런데 문제는 군주라도 주전충 같은 자는 지옥에 있다는 대목이다. 주전충은 당나라의 신하였지만, 황제를 시해하고 당나라를 멸망시킨 후 후량의 초대 황제에 올랐다. 채수는 중종반정이 일어난 후 관직을 사양하고 함창으로 내려왔다. 거기다 중종반정 당일에 반정은 있을 수 없는 일이라며 통곡했다는 일화가 전한다. 채수의 그런 행보를 알고 있던 이들에게 『설공찬전』의 주전충은 자칫 연산군을 내치고 왕위에 오른 중종으로 비칠 수 있었다.

"염라왕이 시키면 모든 나라 임금이나 어진 사람이나 나란히 앉히고 예악을 썼다."라는 대목과 뒤이어 명나라의 성화제成化帝의 청탁에 화가 난 염라왕의 모습도 문제가 될 소지가 있었다.

즉, 어진 사람이라면 미천한 사람이라도 내생에서는 군주의 반열에 오를 수 있으며, 황제라도 저승의 염라왕 앞에서는 특별할 수 없다는 대목도 조정이 민감하게 받아들일 만한 발언인 것이다. 거기다 "이승에서는 비록 여편네 몸이었어도 약간이라도 글을 잘하면 저승에서 아무 소임이나 맡으면, 세금이 줄어들고 잘 지낸다."라는 대목도 주목된다. 여성도 능력이 있으면 저승에서 높은 자리에 오를 수 있다는 것도 당시 기준으로는 파격 그 자체였다.

조선 사회는 성리학적 명분론을 통해 사회 질서를 유지하였다. 엄격한 신분 질서와 성별에 따른 생활 규범의 적용이야말로 봉건 사회 유지에 불가결한 요소가 되었다. 당연히 하층민과 여성처럼 명분론에 순종해야 할 대상은 이러한 질서를 강요받았다. 비록 가상의 현실이지만 『설공찬전』의 저승 이야기는 억압받는 이들에게 하나의 탈출구가 될 수 있었다. 『설공찬전』은 1511년 금서로 지정되었지만, 적어도 17세기 후반까지 암암리에 유통되었다. 여전히 『설공찬전』을 탈출구로 인식하는 계층이 있었기 때문이다. 그리고 오랫동안 잊혔다가 현대에 이르러 재발견되었다. 세상은 크게 바뀌었지만, 『설공찬전』에 주목하는 이유는 예의 그것과 다를 바 없다. 작품 속에 드러난 옛 명현의 높은 식견이 현대 사회에서도 공감을 일으키기 때문이다.

제 3 장

가풍을 이은 후예들

가풍을 이은
후예들

1 불의에 맞서다

1) 정치 풍자의 걸작 「화왕전」의 저자, 채소권蔡紹權(1480-1548)

채소권은 채수의 차남으로 자는 효중孝仲, 호는 졸옹拙翁·졸재拙齋이다. 채수가 관직 생활 중이던 1480년에 한양 명례방에서 태어났다. 어린 시절의 이름은 수동壽童이다. 『해동악부海東樂府』에 따르면 김수동金壽童의 이름에서 따온 것이라고 한다. 당시 김수동은 젊은 관료로서 진중하고 단정함이 있었는데, 채수는 그런 김수동의 행실을 매우 아꼈다. 채소권은 어린 시절 공부에 전념하지 않았지만, 20여 세에 이르러 학문에 본격적으로 두각을 나타내었다.

하루는 채수가 아들의 글이 마음에 들어서, 셋째 사위 김안로에게 그 글을 보여 주며 합격되겠는가를 물었는데, 김안로가 말도 없이 그 글을 부채로 밀어 버려 채수가 매우 못마땅해했다는 일화가 전한다. 이 일화는 채소권과 처남인 김안로와의 관계가 오래전부터 좋지 않았음을 드러내는 이야기이다. 김안로는 중종 연간 권신으로서 사림으로부터 비난을 받은 인사였다. 이러한 부분 때문에 채소권은 관직 생활 중 김안로를 멀리한 것으로 보이나, 그와 별개로 김안로의 처남이기 때문에 한편으로 사림 세력의 견제를 받을 수밖에 없었다.

『중종실록』 1531년(중종 26) 5월 20일 기사에는 채소권을 경기도관찰사에 제수한다는 글이 있는데, 그 아래 기재된 사론은 채소권에 대한 당시 사림의 평가를 잘 보여 준다.

> 채소권은 성품에 규모가 없고 마음에 줏대가 없어서 일을 당하여는 멍하니 시비를 분변하지 못했다. 사론士論이 김안로의 처남이라는 것으로 지적하여 증오했지만, 그의 본심은 흉측한 사람이 아니었다.
>
> – 『중종실록』 권70, 26년 5월 20일

채소권은 1504년(연산군 10) 진사시에 합격하였고, 1506년 27세의 나이로 별시 문과에 급제하였다. 1508년(중종 3) 정시庭試를 치렀는데, 차석하여 중종으로부터 어린 말 한 필을 하사받았다. 1511년 사간원정언에 제수되어 이극돈李克墩 등 권신과 훈신의 잘못을 아뢰었다. 이해 『설공찬전』 사건으로 부친이 위기에 몰리자 상소를 올려 부친을 극구 구원하였다. 1513년 풍기군수로 부임했는데, 청백리淸白吏로 이름이 났다.

1518년 성균관사예로 있으면서 조광조·김정金淨, 그리고 매제인 이자 등과 함께 『속동문선續東文選』 편찬에 참여하였다. 채소권은 1518년부터 1522년까지 사헌부·사간원·홍문관 등 언론 3사에서 주로 관직 생활을 하였다. 이 시기 조광조를 필두로 한 기묘사림은 정부에서 개혁정치를 추진했지만, 1519년(중종 14) 기묘사화로 실각하였다. 그리고 이후에는 관련자들이 훈구 세력에게 정치적 공격을 당하였다. 이 무렵 채소권은 언관으로서 기묘사림 중 강경 세력, 그중에서도 현량과賢良科에 연루된 인사를 탄핵하였다.

채소권 역시 부친 채수와 마찬가지로 당시 훈구 계열에 해당한다. 그러나 같은 훈구 계열 중에서도 김안로 같은 권신과는 거리를 두었다. 사림파 중에서도 기묘사림 같은 강경 인사에 대해서는 비판적 입장을 취했지만, 사림에 호의를 보인 주세붕周世鵬(1495~1554)이나, 이현보李賢輔(1467~1555)·황준량黃俊良(1517~1563) 등과 깊은 교유 관계를 맺었다.

1522년 승정원동부승지가 되었고, 1524년 홍문관부제학에 제수되었다. 이해 재변災變이 일어나자 채소권은 「시폐오조소時弊五條疏」라는 상소를 올렸다. 이 상소에서 채소권은 나라의 위기를 극복하기 위한 대비책으로 국왕이 학문에 힘쓸 것, 국왕이 앞장서서 절검節儉할 것, 사습士習을 바로잡을 것, 관직의 결원을 채울 것, 서북 지역 변방 수비에 힘쓸 것 등 5개 조를 개진하였다.

한편, 같은 해에 채소권은 「제유민도題流民圖」라는 시를 지었다.

때는 흉년인데 보리 싹까지 말라 죽어,	時當歲饑麥苗枯
떠도는 굶주린 백성 누가 살리랴.	流離誰使飢民蘇
몸은 쇠사슬과 형틀에 멀쩡한 살갗 하나 없이,	身皮鎖械無完膚
서로 부둥켜 잡고 길을 메운 저들 차마 못 보겠다.	寒露忍見相攜扶
남자는 아비 따르고 부녀는 시어미 따르니,	子隨其父女隨姑
우르르 몰려가는 양 떼와 다름없네.	累累有同群羊驅
…	…
나의 지혜가 밝아도 오염되기는 쉬운 법,	皎皎吾知易受汚
누가 아름다운 옥과 가짜 옥을 구분하리.	誰辨美玉與珷玞
임금님의 식견 밝기는 잠시뿐이네,	睿鑑暫明在須臾
뜬구름 해를 가려 실로 탄식일세.	浮雲蔽日誠可吁
어찌 제 몸 위해 꾀하는 걸 잘못 없다 하리,	豈爲身謨爲無辜
충언은 귀에 거슬려 저촉됨을 알아야 할지니.	忠言逆耳知枝梧

– 『졸재집拙齋集』 권1, 「제유민도題流民圖」

위의 시는 흉년으로 유리걸식하는 백성들의 모습을 보고, 잘못된 정사를 펼치는 위정자를 비판한 시이다. 이 시에서 채소권은 군주가 올바른 판단을 하는 것은 잠시뿐이요, 실상은 뜬구름, 즉 간신들이 군주를 미혹하게 하는 실태를 비판하였다. 그러면서 충성스러운 말은 항상 귀에 거슬림을 군주가 스스로 깨닫기를 당부하고 있다.

1525년 채수는 모친 봉양을 위해 외직을 청하여, 영해부사와 청주목사를 지냈다. 1530년 좌부승지에 제수되어 궁궐로 돌아오는데, 이 기사의 『중종실록』 사론에는 다음과 같은 언급이 있어, 채소권에 대한 중종의 신임을 확인할 수 있다.

> 채소권은 바로 김안로의 처남인데 어버이가 늙었다는 것으로 봉양하기를 애원하여 나가 청주목사로 있었다. 그런데 승지의 자리가 비자 상이 교서하기를 "전에 승지가 되었던 자로서 어버이가 늙었다고 봉양하기를 애원하여 외방에 나가 있는 자가 있으니, 이와 같은 사람이 마땅히 주의注擬되어야 한다." 비록 성명을 말하지 않았으나 정원이 서로 말하기를 '채 모蔡某'라고 하더니 이조가 과연 그를 주의하여 이 직임을 제수받게 되었다.
>
> - 『중종실록』 권67, 25년 3월 14일

이후 채소권은 예조참판·경기도관찰사·사헌부대사헌·형조참판·한성부좌윤을 거쳐 1535년(중종 30) 형조판서에 이르게 된다. 그러나 이 시기는 김안로·허항許沆·채무택蔡無擇 등의 권신들이 득세하던 시기였다. 채소권은 시사가 크게 잘못되어 가고 있는 것을 탄식하며, 1536년 고향 함창으로 낙향하였다. 실제로 김안로 등 3인은 정유삼흉丁酉三凶이라 불렸는데, 이듬해 처형되었다.

1545년(명종 즉위) 조정에서 재상으로 임명할 사람을 논의했는데, 이때 신료들은 "채소권은 비록 김안로의 처와 형제라고는 하지만 별로 한 일이 없고 또한 무던한 사람이니 정2품인 사람을 끝내 버릴 수는 없습니다."라고 하였다. 만년의 채소권은 재상의 물망에 올랐으나, 낙향한 이후 더 이상 관직에 뜻을 두지 않고 시와 술로 여생을 보내다가 세상을 떠났다. 1795년(정조 19) 문경 웅연서원熊淵書院에 제향되었다.

채소권 묘소(경상북도 상주시 공검면 율곡리)

이처럼 채소권의 정치적 행보는 부친 채수와 비슷하다고 할 수 있다. 훈구 계열에 가까웠지만, 이현보·황준량 등과 같은 사림파 명현과 교유하였으며, 김안로처럼 가까운 인척이라도 권신과는 거리를 두었다. 또한 「제유민도」라는 시를 지어 간신뿐만 아니라, 이들에게 미혹迷惑한 군주까지도 비판하였다. 「제유민도」에서 드러나듯이 채소권은 무엇보다 군주의 자세가 중요하다고 판단했다. 그러한 채소권의 신념은 「화왕전花王傳」을 통해 확인할 수 있다.

「화왕전」은 채소권의 문집인 『졸재집拙齋集』에 수록된 글로, 신

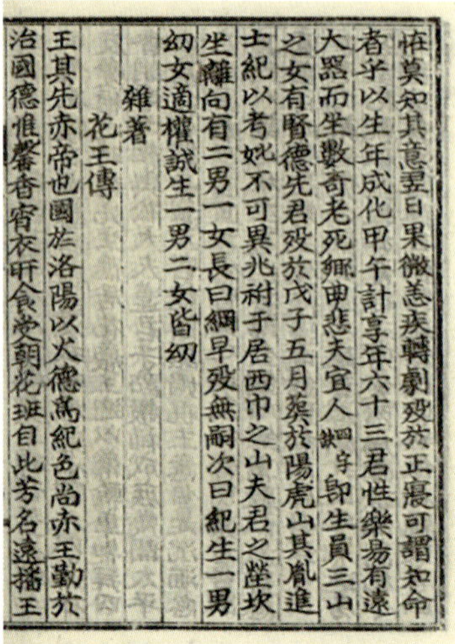
悴莫知其意㬥曰果微恙疾轉劇歿於正寢可謂知命
者乎以生年成化甲午計享年六十三君性樂易有遠
大器而坐數奇老死鄉曲悲夫宜人四字缺鄭生員三山
之女有賢德先君歿於戊子五月葬於陽虎山其胤進
士紀以考妣不可異兆祔于居西巾之山夫君之塋坎
坐離向有二男一女長曰綱早歿無嗣次曰紀生一男
幼女適權誠生一男二女皆幼
雜著
花王傳
王其先赤帝也國於洛陽以火德爲紀色尚赤王勤於
治國德惟馨香宵衣旰食愛朝花班自此芳名遠播王

채소권의 『졸재집』에 수록된 「화왕전」(한국국학진흥원 제공)

라 설총薛聰이 신문왕에게 보여 주기 위해 쓴 「화왕계花王戒」의 영향을 받아 창작된 설화체 작품이다. 설총의 「화왕계」는 꽃을 의인화하여 올바른 군주의 자세를 알리고 경계하기 위해 만든 것이다. 후대 여러 학자들이 「화왕계」를 모방한 「화왕전」을 창작하게 되는데, 현전하는 「화왕전」 중에서는 채소권의 글이 가장 오래되었다.

채소권의 「화왕전」은 간신의 말만 들은 화왕 때문에 나라가 멸망에 이른다는 줄거리로 구성되어 있다. 즉, 「화왕전」의 화왕은 낙양洛陽에 나라를 건립했는데, 처음에는 덕치를 펼쳤고 인재를 고루 등용하여 태평성세를 이루었다. 하지만 위자魏紫를 맞이한 후에는 주색에 빠져 사치가 만연해졌고, 나라에 소인배가 득세하였다. 결국 백성들의 삶은 도탄에 빠지고 민심은 등을 돌린다. 이때 백제白帝가 쳐들어와 결국 나라는 멸망하였다. 이렇게 이야기를 마친 후 말미에는 태사공太史公의 말을 수록해 놓았다.

> 아! 화왕이 망한 원인은 부귀에서 싹트고 사치함에서 말미암았다. 그러나 부귀하고 사치함은 실로 사람이면 바라는 바라, 만약 멋대로 하고 그치지 않으면 위태하고 망하게 된다. 처음부터 끝까지 왕이 늘 처음과 같게 하였던들 금지옥엽으로써, 아름다움을 세습하고 꽃다움을 이어 응당 본지가 백세토록 쇠하지 않았을 것이다. 어찌하여 요염한 데 미혹되어 돌이킬 줄 모르게 취하여 백제의 화를 초래하여, 변화하고 흔들림 없던 왕업王業을 땅해 팽개치고 막지 못했는가! 아깝구나! 슬픈지고, 백성의 군주 된 자가 또한 응당히 귀감으로 삼을 일이다.
>
> –『졸재집』 권2, 「화왕전花王傳」

채소권은 「화왕전」에서 태사공의 말을 빌려 올바른 군주의 자세를 제시하였다. 이러한 「화왕전」이 창작된 시점에 대해서는 명확하지 않다. 혹자는 채소권이 관직 생활을 시작하는 중종 초반, 혹자는 관직에서 물러난 시점이라고도 한다. 만약, 창작 시점이 중종 초라면 연산군이 물러난 후 중종이 새롭게 국정을 맡게 되지만, 오히려 반정 공신들이 득세하며 예전보다 민생이 크게 나아짐이 없는 실태를 비판한 것이 된다. 반면, 창작 시점이 그의 만년이라면 중종 후반 권신과 외척이 득세하던 정치적 상황이 반영되었을 것이다.

채소권의 신위를 봉안한 숭덕사(경상북도 상주시 이안면 이안리)

숭덕사 내 채소권 영정

채소권 또한 부친 채수가 그랬던 것처럼, 오랜 관직 생활을 했지만, 불의에 굽히지 않는 모습을 보여 주었다. 정치적 격변 속에 어느 한편에 치우치지 않으며, 자신의 직분을 다하였다. 왕도정치의 실현을 위해 신하로서 직언하는 신념을 보여 주었고, 「화왕전」을 창작하여 올바른 군주의 자세를 제시하였다.

2) 권신을 직언한 채무일蔡無逸(1496-1546)

채수의 장남 윤권은 무휼無恤·무일無逸·무해無害·무적無敵 네 아들을 두었다. 아들 모두 덕성이 있는 것으로 이름이 높았으며 후손을 크게 번창시켰다. 그리고 이 무렵부터 후손들이 본격적으로 함창에 뿌리내리면서 난재종가의 전통을 이어 나가게 된다. 채윤권의 네 아들 중 특히 주목되는 이는 차남 무일이다.

채무일은 자가 거경居敬, 호가 일계逸溪로 상주 함창에서 태어났다. 채무일은 학문뿐만 아니라 다양한 분야에 재주가 있었다. 1522년(중종 17) 27세의 나이로 생원시에 장원하였으며, 함께 치러진 진사시에도 합격하였다. 이처럼 명문가의 젊은 인재로 촉망을 받았으나, 곧 정치적 시련을 겪게 된다. 중부仲父 채소권이 그랬던 것처럼 채무일도 자신의 고모부가 되는 김안로와 사이가 좋지 않았다. 거기다 재종형 채무택도 김안로와 함께 권세를 떨치자 이들을 더욱 멀리하였다. 어느 겨울 날 채무일은 김안로의 집을 방문했는데, 거기서 쉬지 않고 부채질을 하였다. 김안로가 그

까닭을 묻자 채무일이 집이 참 더워서 그랬노라고 대답하니, 김안로가 아무 말도 못 했다는 일화가 전한다. 당시 채무일의 행동은 권세에 취해 있던 김안로에 대한 풍자로 평가받고 있다.

채무일은 1522년 생원시에 장원으로 합격했지만, 오랜 기간 문과에 급제하지 못했는데 그 배경에는 김안로의 견제가 있었기 때문이다. 그런 가운데 채무일은 경상도 남해로 유배되었다. 유배된 이유는 1535년(중종 30)에 일어난 '진우지옥陳宇之獄'에 연루되었기 때문이다. 진우陳宇(?-1535)는 1534년에 치러진 진사시에 장원으로 합격한 수재인데, 동료들과 시국을 논하다가 전횡을 일삼던 김안로와 그 일파를 비난하였다. 김안로 일파는 진우의 배후로 채무일을 지목했다. 채무일 탄핵 당시 사헌부는 채무일에 대해 그가 성질이 음험하고 교활할뿐더러 부모에게 효도하지 않고 권세가에 아부한다는 불분명한 이유로 공격하였다. 이와 관련해 『중종실록』 1534년 1월 28일 기사의 사론에는 다음과 같이 언급되어 있다.

> 채무일은 김안로의 처조카이다. 안로의 아들 연성위延城尉(김희)의 혼례 때 채무일의 집안에 전해 오는 보물을 요구하였으나 허락하지 않았고, 또 늘 안로가 남들에게 지나치게 악하게 한다고 말하였다. … 그래서 안로가 두 사람의 죄를 얽어 만들고, 그들이 발명發明하여 사실이 드러날까 두려워 추문하지도 않고 죄를 정하였다.
>
> -『중종실록』 권76, 29년 1월 28일

1537년 김안로가 정유삼흉으로 지목되고 실각하면서, 채무일도 유배에서 풀려났다. 그리고 얼마 후 참판 윤안인尹安仁은 자신이 알고 있는 바를 다음과 같이 중종에게 아뢰었다.

> 채무일은 … 생원시에 장원한 사람이니 명사名士라 할 수 있는데, 김안로의 처남 아들입니다. 그가 일찍이 채수의 비석을 세우려고 교서관의 종 산석山石을 데리고 함창에 가서 각刻을 하였습니다. 산석은 사족士族의 비석을 많이 각하여 그 대가로 곡식 50여 석을 받았습니다. 그런데 김안로가 그것을 빼앗으려고 꾀를 내니 … 그 사람은 큰 죄를 입을까 두려워 돌아온 뒤로는 다시 가지 않고 그 곡식을 잃었습니다. … 채무일이 김안로에게 "산석의 곡식을 왜 갚지 않는가?"라고 말하였기 때문에 김안로가 노염을 품었고, 또 채윤권의 가대家垈를 빼앗자, 채무일이 "안로의 족친이 된 사람은 반드시 큰일을 꾸밀 것이다."라고 하여, 안로가 감정을 품고서, 대간에게 죄를 얽도록 했습니다. … (김안로는) 채무일이 자기 악을 다 발설할까 두려워해서, 바로 손을 써 백방으로 계획한 끝에 (채무일을) 추문하지 않고 죄를 정하여 멀리 내치게 함으로써 진술을 간단히 끝내고 물러갔습니다.
>
> – 『중종실록』 권85, 32년 10월 27일

명확한 이유는 알 수 없으나 김안로는 채수의 아들과 손자에게 큰 원한을 품고 있었다. 아마도 김안로의 전횡을 직언했기 때문이라 생각된다. 생원시 장원으로 촉망받던 처조카 채무일을 견제하는 데에 그치지 않고, 급기야 석연치 않은 죄목을 얽어매어 채무일을 유배 보냈으며, 그의 부친 채윤권의 집마저 빼앗아 버렸다.

1540년(중종 35) 채무일은 식년시 문과에 응시해 급제하였다.

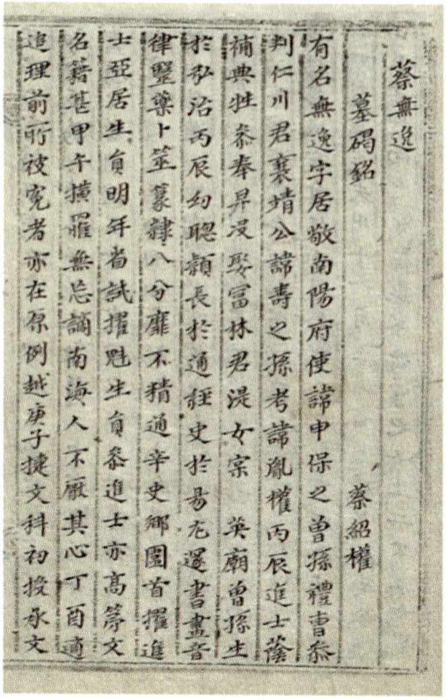
蔡無逸

墓碣銘 蔡紹權

有名無逸字居敬南陽府使諱申保之曾孫禮曹參判仁川君襄靖公諱壽之孫考諱紹權丙辰進士蔭補典牲參奉昇浸娶富林君湜女宗 英廟曾孫生於弘治丙辰幼聰穎長於通經史於易老還書畫音律醫藥卜筮篆隷八分靡不精通辛巳鄕闈首擢進士亞居生員明年省試擢魁生員參進士亦高第文名籍甚甲午擢羅無忌謫南海人不厭其心丁酉適逬理前所被究者亦在原例越庚子捷文科初授承文

『국조인물고』의 「채무일」 편(서울대학교 규장각한국학연구원 제공)

그의 나이 45세였다. 바로 승문원정자에 제수되었고, 그 후 여러 관직을 거쳐 사간원헌납司諫院獻納에 올랐다. 채무일은 권신의 견제 속에 뒤늦게 관직 생활을 시작했지만, 얼마 되지 않아 1546년 51세의 나이로 세상을 떠났다. 사후 임호서원에 제향되었다.

채무일은 정치적 격변 속에 젊은 시절 함양한 능력을 제대로 펼치지 못한 인물로 평가받는다. 비록 관료로서는 입신하지 못했지만, 경사經史·역학易學·서화·음률·의학·복서卜筮 등에 명성이 높았다. 특히 1544년 부안현감으로 재임 중이던 채무일은 뛰어난 그림 실력 때문에 명을 받고 그해에 붕어한 중종의 화상을 그려 바쳤다. 실제로 「패관잡기」와 『연려실기술』 등에서는 채무일이 초충도草蟲圖에 매우 능숙했다고 하니, 경학에 경도되지 않고 실용적인 학문을 추구했던 조부 채수의 기질과 무관하지 않을 것이다.

가풍을 이은
후예들

2 전란에 분연히 떨쳐 일어나다

1) 순절을 택한 봉사손, 채홍蔡泓(1556-1592)

채홍의 자는 청숙淸淑이며, 증조부는 채윤권, 조부는 채무휼, 부친은 채유근이다. 즉 채홍은 난재종가의 봉사손이었다. 그에게 가장 큰 의무는 가문의 혈통을 계승하고 사손祀孫으로서 제사를 받드는 데 있었지만, 임진왜란 때 군주에 대한 절의를 우선시하였다.

1592년(선조 25) 임진왜란이 일어났을 당시 채홍은 모친 광주김씨廣州金氏와 함께 한양에 있었다. 전란 초 일본군이 빠르게 한양으로 진격하자, 선조는 몽진蒙塵을 선택하게 된다. 이때 채홍의 모친은 아들에게 다음과 같이 말하였다.

너의 집안은 대대로 나라의 은혜를 받았으니, 나라가 이와 같이 혼란한 때에 늙은 어미 때문에 달려가서 문안치 못한다면 의리로 보아 옳지 못하다.
－『인천채씨세덕록』, 「인양군채공사실仁陽君蔡公事實」

공신의 후예로서 마땅히 몽진하는 선조를 호종扈從하라고 한 것이다. 채홍은 모친의 말을 듣고 그해 4월 28일 집을 떠났다. 이것이 채홍의 마지막 자취였다. 호종을 위해 북쪽으로 향하다가 해를 입은 것으로 추정된다. 이에 후손들은 그가 호종을 위해 떠난 4월 28일을 기일로 삼고 있다. 훗날 참판에 증직되고 인양군仁陽君에 봉해졌다.

2) 함창에서 처음 의병을 주창한 채유희蔡有喜(1558–1593)·유종有終(1561–1606) 형제

채유희·유종 형제는 임진왜란 때 함창에서 의병을 일으켰다. 이들 형제는 채수의 증손이자, 채소권의 손자이다. 부친은 채무태蔡無怠(1513–1552)인데, 채유부蔡有孚·유희·유종 세 아들을 두었다. 채유희의 자는 중구仲懼, 호는 난헌蘭軒이며, 채유종의 자는 계겸季謙, 호는 지헌之軒이다. 채유희·유종 형제는 문장과 지조로서 촉망을 받았다.

그런 가운데 1592년 4월 13일 미증유의 전란이 터졌다. 일본군이 대규모 군사를 이끌고 조선으로 쳐들어온 것이다. 조선 상륙 후 일본군은 3군으로 나누어 한양으로 진격하였는데, 고니시 유키나가[小西行長]가 이끄는 1군이 '동래—양산—밀양—대구—선산—상주—조령'을 거쳐 '충주—여주—한양'으로 이어지는 중로를 맡았다. 고니시의 일본군은 파죽지세로 북상하였다. 그해 4월 25일 상주성이 함락되었고, 27일 무렵에는 천혜의 요새로 알려진 조령마저 통과하였다. 그렇지만 전란 초 조선 관군의 대응은 무기력했다. 지휘 체계가 무너진 상황에서 관군은 일본군에 제대로 대응하지 못하고 뿔뿔이 흩어졌다. 백성들도 삶의 터전을 버린 채 여기저기 피난 갔으며, 민심은 흉흉해졌다. 전란 초의 이러한 위기를 극복한 데에는 의병의 공이 컸다. 각 지역의 사대부들이 붓을 던지고 분연히 떨쳐 일어났다. 이들은 지역에서의 명망을 바탕으로 의병 지휘관으로 활동하며, 흩어진 관군과 무기를 수습함과 동시에 백성들을 안집시켰다.

고니시에 의해 상주 지역이 일본군의 수중에 들어간 상황에서 상주 권역의 사대부들도 하나둘씩 의병을 일으켰다. 상주에서는 상의군尙義軍, 보은에서는 충보군忠報軍, 그리고 함창에서는 창의군倡義軍이 조직되었다. 이때 함창에서 의병 창의를 처음 주창한 것이 바로 채유희·유종 형제이다.

채유희·유종 형제는 1592년 5월 10일 의병을 일으키자는 창의문을 지었다. 형제는 창의문을 통해 뜻을 같이한다면 지금의 상주시 은척면에 소재한 황령사黃嶺寺에 모일 것을 호소하였다. 하지만 1차 모임은 저조하였다. 이에 재차 창의문을 작성하여 인근 고을에 돌렸는데 그중 다음 대목이 주목된다.

통고한 후 서로 만나기를 고대했습니다. 그러나 들리는 바에 따르면 선비들 사이의 논의가 피차 강약强弱의 차이가 너무 크며, 비록 단결하려고 해도 이루어질 것이 없다고 한다는데, 이 말은 매우 맞지 않습니다. … 도망병이나 패잔병도 비록 처음에는 몸을 피해 살길을 찾겠지만, 끝내는 국법을 면하기 어렵다는 것을 알게 될 것이니, 이럴 때 의리로 인도해서 설명하고 화복을 알려 주면, 반드시 저들 모두 분기해서 공을 세우고 속죄할 것입니다. 이렇게 되면 원근에서 영향을 받아 구름처럼 모여들어 한꺼번에 같은 목소리로 서로 응할 것이니, 뜻을 합하고 서로 상의하여 맹주를 추대하고 정예로운 사람을 골라 혹 낙동강의 나루를 지켜 바다로 통하는 돌아갈 길을 끊고, 혹은 용추龍湫의 좁은 목에 진을 치고 조령을 넘어 왕래하는 길을 막으며, 혹은 길을 나누어 번갈아 머무르며 공격하여, 혹은 위장병을 두기도 하고, 혹은 병사를 매복시키며, 혹은 밤을 타서 기습을 유인하여 불의에 습격한다면, 가깝게는 강좌江左의 여러 고을과 통하고 멀리는 호서湖西의 여러 진영과 호응하여 세력이 합쳐질 것입니다. 그러면 여러 사람의 뜻이 정해지며 충성심은 날카로운 기상을 격발해서 지금의 갑절이나 적병을 물리칠 수 있을 것입니다. 우리 백성은 모두 칼과 화살의 피해를 입어 혹은 부모가 해를 입거나, 형제가 모두 죽었으니 아비의 원수와는 하늘을 같이할 수 없는 것이며, 형제의 원수 또한 갚지 않으면 안 되는 것인데 만일 보복할 생각을 아니하고 머리를 감싸고 숨는다면 이것이 어찌 사람의 자식이 할 일이겠습니까! … 성공한다면 임금과 아버지의 원수를 갚게 되는 것이고, 성공하지 못하더라도 오히려 충성스러운 영혼이 될 것인데, 오직 우리의 동지들만 생각이 여기에 미치지 못한다 말입니까!

– 『인천채씨세덕록』, 「증판결사채공사실贈判決事蔡公事實」

당시 상주·함창 일대의 사대부들은 창의를 머뭇거리고 있었다. 일본군의 기세가 너무 강하여 이에 대응하기가 쉽지 않았기 때문이다. 하지만 채유희·유종 형제는 매복전과 기습을 통해 적을 혼란에 빠뜨리고, 그 기세를 몰아 다른 지역의 의병 진영과 연합한다면 적과 대적할 수 있다고 주장하였다. 이는 임진왜란 당시 실제 주요 의병 부대에서 큰 효과를 본 전략이었다. 그러면서 가족과 고장, 나아가 종묘사직을 지키기 위해 피하지 말고 함께 힘을 뭉칠 것을 강력하게 호소하였으니, 여기서 우리는 이 형제의 애국愛國·애민愛民 정신을 확인할 수 있다.

이어 채유희·유종 형제는 청주에 살고 있던 외숙 이봉李逢에게 편지를 보내 이봉의 합류를 적극 건의하였다. 이봉이 합류하자 형제는 그를 대장으로 추대하였다. 그해 7월 30일 산척山尺 17~18명, 사족 40여 명, 궁수 30여 명으로 구성된 함창 창의군이 조직되었으며, 이후 군세를 확장해 나갔다. 이에 맞추어 이봉은 경상우도초유사慶尙右道招諭使로 임명되어 상주·함창을 필두로 한 경상우도 지역에서 의병 봉기를 독려하고 있던 김성일金誠一(1538-1593)에게 격문을 보냈다. 여기에는 당시 의병진의 조직이 나열되어 있는데, 정경세가 상주 소모관召募官, 권경호權景虎가 함창 소모관, 곽수인郭守仁이 중군中軍, 김각金覺이 별장別將, 채유희가 도청都廳, 채유종이 기고관旗鼓官을 맡은 것으로 나타난다. 이후 창의군은 함창 지역을 중심으로 매복전을 전개하며 적들을 교란하였고, 200여 명의 적을 참살하는 등 크고 작은 공을 많이 세웠다.

채유희·유종 형제는 젊은 나이였음에도 불구하고 함창 창의군 결성에 주도적 역할을 하였다. 하지만 안타깝게도 채유희는 창의의 공을 인정받지도 못한 채 1593년 억울한 죽음을 당하게 된다. 의병 활동으로 일본군의 진격이 주춤하고 백성들이 안집되자, 관군을 중심으로 한 군령 체계도 정리되기 시작하였다. 그런 가운데 의병장 이봉이 괴산군수로 임명되었다. 채유희도 이봉을 따라가 괴산에서 군량미를 관리하는 장곡유사掌穀有司를 맡았다.

당시 괴산에는 군량미가 많이 축적되어 있었다. 장차 이곳으로 진주할 명나라 군에 지급하기 위해서였다. 그런데 이때 충청도소모사 김시헌金時獻(1560-1613)이 적군을 추격할 때 쓸 것이라며, 괴산의 군량미를 요청하였다. 군량미 관리자 입장에서 김시헌의 갑작스런 요청을 들어주기는 매우 난감할 수밖에 없었다. 괴산의 군량미는 명나라 군을 위해 접제할 목적으로 비축하고 있었기 때문이다. 채유희는 군량미 협조와 관련해 김시헌에게 공문을 요청했지만, 김시헌은 격노하였다. 오히려 채유희가 군율을 어겼다며 측근을 시켜 채유희에게 장杖 50대를 쳤는데, 채유희가 장을 맞고 그만 사망한 것이다.

그렇게 채유희는 군율을 어긴 죄로 허망하게 세상을 떠나 버렸다. 채유희의 죽음에 대해 영남 사림들은 여러 차례 그의 억울함을 호소하였지만, 관료들은 들어주지 않았다. 급기야 1599년(선조 32) 채유일의 아들 채덕일蔡德一이 부친의 억울함을 호소하기 위해 선조의 의장儀仗에 뛰어들어 대가大駕 앞에서 정소呈訴하는 일이 벌어졌다. 선조도 이 일의 전말을 알게 되었고, 훗날 채유희

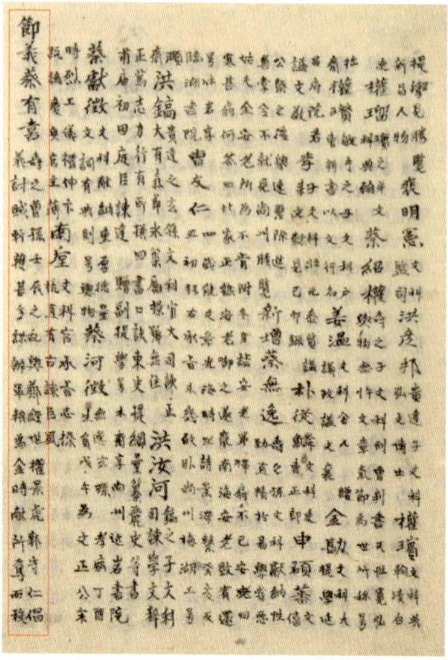

『함창현읍지』「인물」 편 '절의' 조에 수록된 채유희 관련 기록
(서울대학교 규장각한국학연구원 제공)

는 장례원판결사에 증직되었다.

한편, 채덕일의 정소 사건이 수록된 『선조실록』 1599년 2월 15일 기사의 말미에는 이 사건에 대한 사론이 수록되어 있다.

> 김시헌은 소모하는 임무를 받았으나 주살은 그가 마음대로 할 일이 아닌데 감히 사사로운 유감으로 유희를 죽였으니 왕법王法으로 말하면 시헌은 사형을 받아야 마땅할 것이다. 『춘추좌전春秋左傳』에 "아비가 죄 없이 주살을 당하면 자식이 복수하는 것이 옳다."라고 하였다. 유희는 이미 죄 없이 주륙을 당하였으니 가령 덕일이 원수와 한 하늘 밑에 사는 것을 치욕으로 여겨 원수의 가슴에 칼을 꽂는다 하더라도 옳을 것이다. 유사는 이미 시헌의 죄를 바루지 못하고 또 유희의 억울함도 다스리지 못하여 끝내 덕일

이 효성을 바쳐 원수를 갚은 의리가 천하 후세에 드러나지 못하게 하고 방자하게 함부로 사람을 죽인 자도 요행히 죄를 면하게 하였으니, 어찌 형전의 시행이 대단히 잘못되었다 하지 않겠는가!

– 『선조실록』 권109, 32년 2월 15일

이처럼 채유희는 상관의 사사로운 감정에 의해 억울한 죽임을 당하였다. 그렇기에 채유희의 죽음에 대한 동정과 채덕일의 효성에 대해서는 여러 사림과 실록을 편찬하는 사관들도 공감하는 바였다.

억울하게 세상을 떠난 채유희와 달리 아우 채유종은 다행히 임진왜란의 공훈을 인정받았다. 1605년(선조 38) 선무원종공신宣武原從功臣에 3등으로 녹훈되었으며, 관직도 봉상시직장에 올랐다. 특히 채유종은 침술鍼術에 능통하여 선조 만년에 어의御醫로 활동한 독특한 이력을 가지고 있다. 이러한 경력 또한 여러 실용적 학문을 섭렵하는 가문의 학문적 전통에서 비롯되었을 것이다.

3) 어린 나이에 의병이 된 채득해蔡得海(1571–1641)·득강得江(1574–1660)·득호得湖(1578–1659) 형제

채유희·유종 형제의 백형인 채유부는 임진왜란이 일어나는 동안 모친과 가족을 이끌고 문경 사불산四佛山으로 피난하였다. 그에게는 채득해·득강·득호·득렴得濂 네 아들이 있었는데, 득해·득강·득호는 어린 나이에도 의병에 참여하였다.

채득해의 자는 이호而灝, 호는 요곡蓼谷이며, 득강의 자는 이영而永·달원達遠, 호는 서재西齋·간재澗齋이다. 또한 득호의 자는 이원而遠, 호는 양애陽涯·부벽정浮碧亭이다. 이들 형제는 주로 상주 지역 사대부로 활동하였다. 부친 채유부가 순천박씨順天朴氏와 혼인한 계기로 처가가 있는 산양山陽에 터전을 잡았기 때문이다. 산양은 당시 상주목에 속했는데, 지금은 경상북도 문경시에 편입되어 있다. 지금의 문경시 산양면 현리는 인천채씨 집성촌으로 유명하다. 이곳의 인천채씨는 채유부의 셋째 아들인 채득호를 입향조로 삼고 있다.

1592년 임진왜란이 일어났을 때 채유부의 아들들은 모두 20세 전후였다. 부친 채유부가 모친을 모시고 피난을 가자, 아들들도 함께하였다. 하지만 오랜 기간 벼슬한 집안의 후손으로서 보국報國의 의리를 저버릴 수 없었다. 처음에는 숙부가 활동하고 있는 의병 부대에 합류하려 했으나, 집안 어른들의 만류로 뜻을 이루지 못했다. 그럼에도 젊은 혈기를 바탕으로 종묘사직에 대한 의리를 지키기 위해 개별적으로 의병 부대에 합류하게 되는데, 동고록同苦錄·회맹록會盟錄 등의 임진왜란 의병 자료에서 그 이름을 확인할 수 있다.

먼저 전란 초에 상주 산양에서 고상증高尙曾(1550-1627) 등이 주도하여 의병진을 조직하였다. 여기에 채득해·득강 형제가 참여하였고, 채득강은 막좌幕佐로서 고상증과 함께 일본군 방어를 위한 대책을 논의하였다. 1593년에는 상주 당교唐橋에 주둔한 일

채득호의 신위를 봉안한 영모사(경상북도 문경시 산양면 현리)

본군을 물리치기 위해 여러 지역에서 모인 의병들이 회맹을 하였다. 이것을 당교회맹唐橋會盟이라 하는데, 박진남朴震男의 『회암박공실기悔巖朴公實記』에 수록된 「당교회맹록唐橋會盟錄」에서 상주 출신인 채득해의 이름이 확인된다. 1597년 정유재란이 발발하자, 의병장 곽재우郭再祐는 일본군의 진격을 막기 위해 창녕 화왕산성火旺山城을 방어하였다. 이때 참여한 인사들의 명부가 「화왕입성동고록火旺入城同苦錄」으로 『창의록』에 실려 편찬되는데, 채득해·득강·득호 형제가 모두 여기에 수록되어 있다.

채득해·득강·득호 형제는 비록 과거 시험에서 뜻을 이루지 못

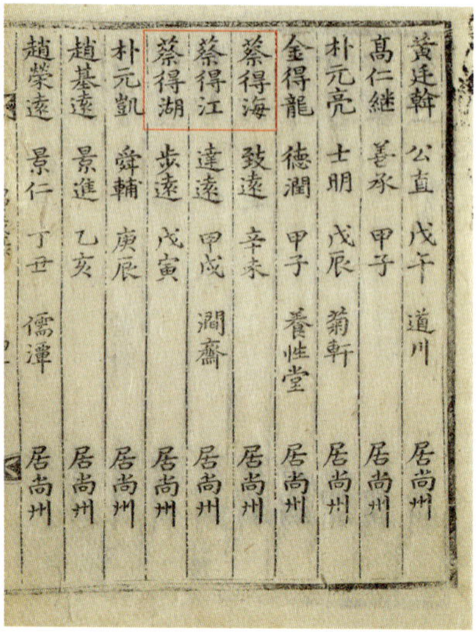

『창의록』의 「화왕입성동고록」에 수록된 채득해·득강·득호 형제 관련 기록
(서울대학교 규장각한국학연구원 제공, 서울대학교 중앙도서관 소장)

했지만, 상주 지역에서 학문으로 명망이 높았다. 채득해는 정경세의 문인으로 알려져 있으며, 채득강은 도남서원道南書院 건립에 참여하였다. 또한 채득강은 동생 채득호와 함께 임진왜란으로 소실된 근암서당近嵒書堂 중건을 주도하였는데, 훗날 근암서당은 서원으로 승격하게 된다. 채득호는 학문으로 천거받아 참봉에 올랐으며, 상주의 자치 기구인 유향소의 좌수座首를 역임하였다. 이처럼 채득해·득강·득호 형제는 향촌 사회에서의 명망을 바탕으로 전란이 끝난 후에도 전후 복구 사업과 향촌 질서 회복에 힘쓰는 모습을 보여 주었다.

가풍을 이은
후예들

3 대의명분을 지키다

1) 척화충신의 삶을 산 채이항蔡以恒(1596–1666)

채이항은 자가 여구汝久, 호가 오봉五峯이다. 채수의 삼남인 채승권의 현손玄孫이 된다. 증조부는 진사 채무경蔡無競, 조부는 어모장군 채유업蔡有業, 부친은 증 공조참의 채천서蔡天瑞이다. 채이항은 채천서의 세 아들 중 차남으로 함창에서 태어났다. 채이항은 젊은 시절부터 기개와 절의가 있었다. 1624년 이괄李适의 난이 일어나자, 채이항은 칼을 잡고 인조가 피신한 공주로 가서 숙위宿衛하였다.

이 무렵 국제 질서가 요동을 치고 있었다. 1616년 만주족이 건국한 후금後金은 빠르게 성장하며, 조선과 명나라를 위협하였다. 1627년(인조 5)에는 명나라 정벌을 위해 우선적으로 조선을 침략하는 정묘호란을 일으켰다. 1636년(인조 14)에는 국호를 청淸으로 변경하고, 조선에 대한 압박을 강화하였다. 결국 병자호란이 일어나게 되고, 청나라 군은 인조가 있는 남한산성南漢山城을 포위하였다. 1637년 1월 세자가 있는 강화도가 함락되자, 인조는 남한산성에서 나와 청나라 황제에게 항복하였다. 그렇게 조선은 명나라와의 관계를 청산하고 청나라와 군신 관계를 맺게 된다.

남한산성의 굴욕, 그리고 이어진 1644년 명나라 멸망은 조선의 지식인 사회에 큰 충격을 주었다. 오랑캐로 여겼던 만주족의 청나라가 중국의 새로운 주인이 되면서, 기존의 화이론華夷論은 수정을 강요받을 수밖에 없었다. 이에 청나라를 강경하게 배척하며, 대명의리大明義理를 통해 옛 질서를 회복해야 한다는 인사들이 적지 않게 등장하였다. 채이항도 그중 한 명이다.

우선 채이항은 1627년 정묘호란이 일어났을 때 인조를 배알하고 호종하였다. 1636년 병자호란이 일어났을 때는 의병을 일으켰다. 그해 12월 청나라 군사가 남한산성을 포위하자, 채이항은 지름길을 이용해 7일 만에 성 아래에 도착했지만, 적군 때문에 들어가지 못하였다. 마침 경기도 광주의 쌍령雙嶺에 영남에서 올라온 군사가 주둔하고 있었기에 이곳으로 가서, 절도사 민영閔栐에게 남한산성의 형편을 말하고 정예병 수백 명을 주면 먼저 올라가 포위를 풀겠다고 건의하였다. 그러나 쌍령전투에서 민영이

순절하면서 계책은 이루어지지 못했고, 남한산성도 함락되면서 채이항도 고향으로 돌아오게 되었다.

1637년 채이항은 시폐時弊를 극력하게 지적하는 상소 10개 조를 올렸는데, 그 대략은 다음과 같다.

> 첫째, 전하는 인명仁明하시나 무단이 부족합니다. 둘째, 묘당에 인재가 없습니다. 셋째, 붕당이 아직도 존재합니다. 넷째, 훈척을 위임하므로 등용하는 사람마다 그 관직에 적합한 사람이 아닙니다. 다섯째, 감사·수령·곤수를 엄선하지 않습니다. 여섯째, 각 청의 취렴하는 폐단과 각사의 방납하는 폐단이 여전합니다. 일곱째, 병농兵農을 구분하지 않아 병사가 정예함을 힘쓰지 않습니다. 여덟째, 상하가 사치하여 법도가 없습니다. 아홉째, 상과 벌의 경중이 분명하지 않습니다. 열째, 조정의 정령이 신의를 잃었습니다.
>
> – 『인조실록』 권34, 15년 4월 8일

채이항의 상소를 본 인조는 나라를 위한 충절이 지극함을 칭찬하며, 채이항이 아뢴 바를 깊이 생각할 것이라고 비답하였다. 하지만, 그가 궁극적으로 원하는 바는 청나라에 대해 설욕하는 것과 명나라에 의리를 지키는 것이었다.

훗날 황경원黃景源(1709–1787)은 명나라에 의리를 지킨 신하들의 전기를 엮어 「명배신전明陪臣傳」을 편찬하는데, 여기에는 당시 채이항의 행적이 상세히 소개되어 있다. 「명배신전」에 수록된 1637년의 상소에서 채이항은 명나라와 조선이 "의리로는 군신이고 은혜로는 부자"임을 강조하고 있으며, 청나라와의 화의和議를 주장한 자들에 대해서는 끝내 하나의 효과를 이루지 못했다고 맹비난하였다.

그리고 1640년(인조 18) 채이항은 청나라 정벌을 요청하는 척화 상소를 올리게 되는데, 『인조실록』 18년 윤1월 5일 기사에 수록된 상소문을 살펴보면 다음과 같다.

> 오늘날 국가의 일을 보건대 반드시 망할 길을 걷고 있다고 하겠습니다. 국가를 피폐하게 하고 재물을 쏟아부어 저들의 끝없는 욕심을 채우다 보면 몇 년이 지나지 않아 재물이 바닥나고 힘이 다하게 될 것입니다. … 그리하여 세자가 돌아올 기한을 암암리에 계산해 보고 급히 강도江都의 계책을 정하시어 천연의 요새를 의지하여 굳게 지키고 삼남三南을 이끌어 조운漕運을 하는 한편, 명나라를 치려던 주사舟師로 하여금 그대로 방비하게 하소서. 그러면 사람들이 모두 환호하고 기뻐하며 즐겨 쓰이고자 할 것입니다. 오랑캐가 만약 우리에게 대비가 있다는 것을 알게 되면, 반드시 먼저 사신을 보내어 힐문할 것이고, 감히 곧바로 대병을 일으키지는 못할 것입니다. … 우리는 응당 명나라 조정에 알려 관關에 있는 대군으로 하여금 허점을 틈타 배후를 공격하는 형세를 보이게끔 해야 할 것인데, 그러면 저들의 형세는 저절로 약해지고 우리의 형세는 자연히 강해져서 저들이 대군과 빈궁을 받들어 보내기를 마치 천순天順 때 야선也先(1449년 토문土門 전투에서 명나라 영종을 생포한 몽골의 왕자 에센)이 취한 행동처럼 할 것입니다. 이렇게 해서 위급한 상황이 한번 변하여 끝내는 인심이 열복하고 종묘사직이 영구히 보전될 것입니다.
>
> - 『인조실록』 권40, 18년 윤1월 5일

위의 상소에서 채이항은 강화로 수도를 옮기고 몰래 군비를 강화한 다음 명나라와 합심하여 청나라를 공격할 것을 제시하였다. 이처럼 채이항은 상소를 통해 강력한 척화 의지를 보여 주었다.

하지만 이 상소로 인해 결국 채이항은 청나라 심양으로 유배되었다. 상소가 올라간 그해에 의주에 있던 청나라 사람들이 승지 신득연申得淵을 구류하고 조선의 일을 물었는데, 그 물음에 신득연이 "채이항은 명나라를 위해 절의를 바칠 것"이라고 대답한 것이다. 이 때문에 채이항은 청나라의 미움을 샀고, 김상헌金尙憲(1570–1652)·조한영曺漢英(1608–1670) 등과 함께 심양으로 끌려가게 된다.

1641년 1월 8일 눈 내리는 심양의 형부 문밖에서 채이항 등은 목에 철쇄鐵鎖가 가해지고, 두 손이 결박된 채 고된 문초를 당하였다. 이때 청나라 측은 채이항에게 상소를 올린 목적을 물었는데, 채이항은 단지 부역이 무거운 폐단을 지적하기 위한 것이라고 대답하였다. 하지만 청나라 측은 반드시 "청에 대한 세폐歲幣와 군량과 수군水軍의 징발에 관한 일을 아뢴 것"이라며, 채이항 등을 엄형에 처하고자 했다.

이처럼 심양의 옥중에서 고초를 겪는 와중에 김상헌은 채이항과 조한영에게 다음과 같은 시를 보내어 어려움을 함께 극복하자고 격려하였다.

이번 걸음이 어떠한 길이었던가,	茲行是何行
다른 사람 짝 아니고 이들 짝이로다.	此伴非他伴
함께 왔다 다시 함께 돌아가거니,	同出復同歸
평생 이를 잊어서는 안 될 것이라.	平生不可諼
이미 그대 평판 좋단 말 들었는데,	聞君名已佳

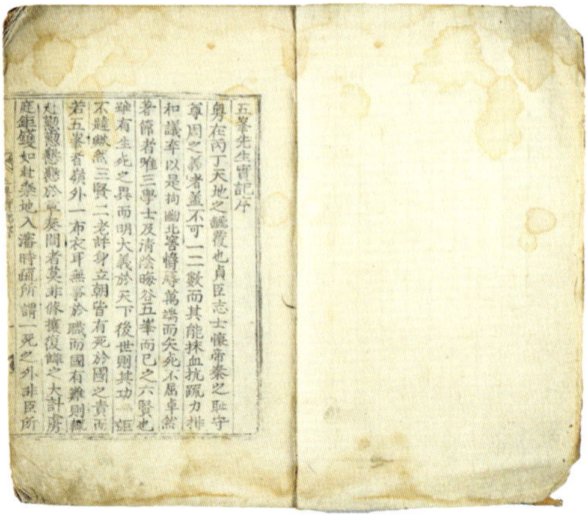

『오봉선생실기』(국립중앙박물관 제공)

그대의 뜻 더욱 좋단 것을 알았도다. 識君意逾好
한가로운 시비 따윈 떨쳐 버리고, 擺落閑是非
깊은 우정 평생토록 잘 보존하세. 幽期百年保

– 『청음집淸陰集』 권11, 「심양 옥중에서 무료하여 '청춘작반호환향靑春作伴好還鄕' 시구를 분운分韻하여 오언절구를 지어 조시어曺侍御와 채수재蔡秀才에게 써 주며 겸하여 송축과 경계의 뜻을 부치다」

채이항은 심양에서의 고초를 당한 이듬해 의주에 안치되었다. 그리고 1643년 김상헌·조한영 등과 함께 석방되어 귀국하였다. 석방 후 얼마 되지 않아 채이항은 다시 상소를 올려 의지를 꺾지 말고 더욱 뜻을 진작시키기를 아뢰었다. 인조는 상소문을 보고 채이항에게 특별히 양식을 하사하였다. 고향으로 돌아온 채이항은 매일 밤마다 차고 있던 칼을 빼어 어루만지며 말하기를 "내

오봉사(경상북도 상주시 이안면 여물리)

비록 오랑캐를 고기로 만들어 먹으려 한들 어떻게 될 수 있겠는가?"라고 하면서, 뜻을 이루지 못한 안타까움을 탄식하였다.

1648년(인조 26) 관찰사가 채이항을 천거하여 선공감감역繕工監監役에 제수되었다. 그의 나이 53세에 이르러 뒤늦게 관직 생활을 시작한 것이다. 이후 목천木川과 석성石城의 현감을 지냈고, 1665년(현종 6)에는 평시서령平市署令에 올랐지만 이듬해 세상을 떠났다.

1756년(영조 32) 채이항의 충절이 조정에 알려지자, 영조는 관원을 보내 치제致祭를 명하였고, 채이항에게 2품을 증직하였다. 이후 1775년에 채이항은 이조판서에 추증되었고, 1781년(정조 5)에 그에게 '경헌景憲'이라는 시호가 내려졌다. 여기서 '경景'은 '의리라는 대명제를 지킴[由義而濟]', '헌憲'은 '실천한 선이 가히 표준이 됨

[行善可紀]'을 의미한다. 의리를 지킨 채이항의 행적을 기리는 시명諡名이다. 1867년(고종 4) 후손들이 채이항의 행적을 엮은 3권 1책의 『오봉선생실기五峯先生實記』를 편찬하였다.

한편, 채이항은 국불천위로 모셔졌으며, 국왕이 보낸 관리가 오봉사五峯祠를 참사하기도 했다. 오봉사는 채이항을 모신 사당으로 현재 상주시 이안면에 남아 있다.

2) 숭정처사의 삶을 산 채득기蔡得沂(1605~1646)

채득기의 자는 영이詠而, 호는 우담雩潭·학정鶴汀이다. 부친 채유종은 채소권의 삼남인 채무태의 아들인데, 훗날 채무기蔡無己의 양자가 되었다. 채무기는 채수의 막냇동생으로 학록을 지낸 채재蔡載의 손자이다.

채득기는 1605년(선조 38) 지금의 충청북도 음성군 원남면 삼용리에서 태어났다. 이곳은 일찍이 채신보가 소산정사를 짓고 소요한 곳이다. 채수의 학문적 성향이 그렇듯이 그 후손들 중에는 경사뿐만 아니라 여러 학문을 섭렵한 이가 적지 않았다. 채득기도 역학·천문·지리·의약·복서·음률·병진兵陣을 비롯해 제자백가에 통달했다고 한다. 그중에서도 의학에 소양이 깊은 유의儒醫였다. 특히 침술에 정통하여 내침의內鍼醫로서 인조와 여러 왕족을 시봉하였다. 또한 여러 유의 및 의관들과 함께 『사의경험방四醫經驗方』·『삼의일험방三意一驗方』과 같은 의서를 편찬하기도 했다. 이처럼 채득기는 유의로 명성이 높았기에 한양의 여러 명사들과 교유할 수 있었다. 그 과정에서 호란의 시기에 척화대신斥和大臣으로 명망이 높았던 김상헌의 문인이 되기도 하였다.

채득기가 활동하던 시기에는 조선에 대한 청나라의 압박이 심해지고 있었다. 이에 채득기는 과거를 단념하고 문경 선유동仙遊洞에 은둔하였다. 이후 빙고별좌氷庫別坐를 제수받지만, 벼슬길에 나아가지 않았다. 병자호란이 일어나고 조정에서 청나라와 강화를 하자, 이번에는 상주 무지산無知山에 은둔하였다. 얼마 후 다시 은둔처를 자천대自天臺(경천대)로 옮겼으며, 이곳에 무우정舞雩亭을 건립하였다. 또한 이 무렵 암벽에다 "대명천지大明天地 숭정일월崇禎日月"이라 새겨 놓고, 명나라에 대한 의리를 다짐했다.

그러나 은둔의 삶은 오래가지 않았다. 1637년 조선은 청나라에 굴복한 조건으로 왕자들을 볼모로 보내게 된다. 소현세자昭顯世子와 훗날 효종으로 즉위하는 봉림대군鳳林大君이 청나라 심양瀋陽으로 가게 되는데, 정부는 내침의로 활동했던 채득기에게 호종을 지시하였다. 은둔을 원한 채득기는 병을 이유로 명령을 거부했고, 이 때문에 충청도 보은으로 유배되었다. 3년 뒤 유배에서 풀려나자, 주위에서 그에게 북행을 권유했다. 그래서 그는 심양으로 가서 세자 일행을 호종하였다.

심양에서 채득기는 주치의로서 소현세자와 봉림대군을 지근거리에서 보필하며, 그들과 뜻을 나누었다. 두 왕자 모두 당시의 굴욕을 극복하려는 의지를 가지고 있었고, 채득기는 그들의 곁에서 미래를 도모할 방책을 구상하였다. 다음은 채득기가 소현세자에게 아뢴 말이다.

> 소강少康(하夏의 왕)은 1려旅의 군중만을 가지고서도 능히 대우大禹(하나라 건국자)의 업적을 회복하였고, 광무光武(후한의 초대 황제)는 한 자의 땅도 갖지 않고서도 능히 고조高祖(전한의 건국자)의 위업을 회복하였으니 이는 다른 것이 없고 세운 뜻이 견고한 것이요, 진晉나라의 원제元帝(동진東晉의 초대 황제)나 송나라의 고종高宗(남송의 초대 황제)은 천하의 군중을 이끌고도 중국의 치욕을 씻지 못하였으니 이는 다른 것이 없고 세운 뜻이 견고하지 못했던 까닭입니다. 그러나 치밀하지 못하면 재앙이 생기니 연燕나라 태자 단丹이 하루아침의 분노를 이기지 못하여 마침내 나라를 망하게 하였습니다. 이제 오랑캐의 세력이 바야흐로 왕성하니 어찌 일개 검객이 도모할 수 있는 바이겠습니까. 마땅히 뜻을 가다듬어 그때를 기다려야 할 것입니다.
>
> –『인천채씨세덕록』, 「빙고별좌채공묘지명氷庫別坐蔡公墓誌銘」

채득기는 청나라에 설욕하기 위해서는 중국 하나라의 소강과 후한의 광무제의 예를 들며, 무엇보다 견고한 뜻이 중요하다고 했다. 여기에 덧붙여 뜻을 치밀하게 세울 것을 권유하였다. 그렇지 않으면 자객을 보내 진秦나라 시황제始皇帝 암살을 도모하다가 오히려 나라를 망친 연나라의 마지막 태자 단과 다를 바 없다고 했다.

채득기는 특히 봉림대군과 친밀하였다. 두 사람은 심양에 있을 때 자주 시문을 주고받았으며, 아침저녁으로 천하를 논하였다. 또한 채득기는 고대 중국의 정치가인 강태공姜太公의 병법을

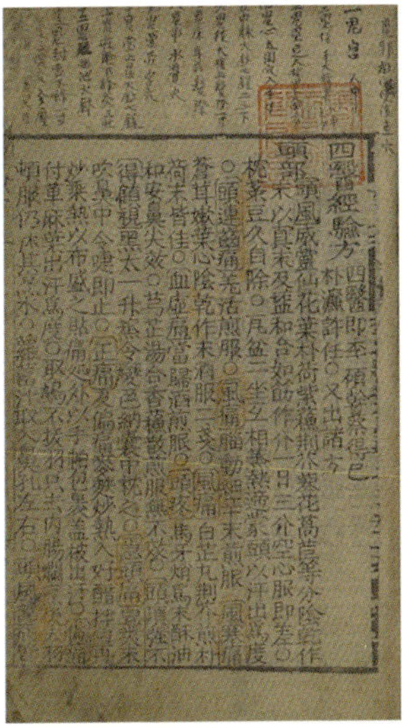

『사의경험방』(국립중앙도서관 제공)

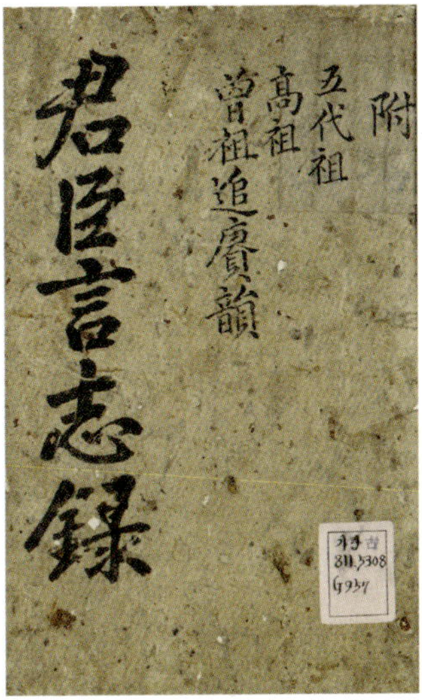

『군신언지록』(국립중앙도서관 제공)

전해주는 등으로 인해 봉림대군으로부터 지우知遇를 얻게 된다. 훗날 그는 이러한 행적을 『군신언지록君臣言志錄』으로 엮었다.

심양에 있을 때 소현세자는 자신의 처지에 대해 한 편의 시를 썼다. 여기에 봉림대군이 차운次韻하였고, 다시 채득기가 봉림대군의 시에 화운和韻한 적이 있는데, 그 시는 다음과 같다.

밖에는 강한 적이 많지만 안으로는 사람이 없어,	外多强敵內無人
세자의 행차가 사막 변두리로 잡혀가셨도다.	鶴御飄零瀚海濱
바라보니 산천은 중국과 오랑캐의 땅이 다르고,	擧目山河夷夏異
청나라의 불신으로 마음은 썩는데 세월만 가도다.	腐心旄蔦歲華新

초楚 회왕懷王은 장대章臺의 달을 보고 부끄러워했고, 懷王羞對章臺月
홍호洪皓는 참고 오국五國의 봄을 보았습니다. 洪皓忍看五國春
황룡黃龍에서 통쾌하게 술 마실 날 있을 것인데, 痛飮黃龍知有日
볼모로 잡혀 있다고, 꼭 눈물로 수건을 적셔야 합니까? 楚囚何必淚沾巾

– 『인천채씨세덕록』, 「빙고별좌채공묘지명氷庫別坐蔡公墓誌銘」

소현세자와 봉림대군은 자신들의 처지를 스스로 안타까워하며 고향을 그리워하였다. 그러자 채득기는 시를 지어 송나라의 절의 인사인 홍호가 타국에서 견뎌내었던 고사를 들며, 함께 청나라에 설욕할 날을 준비하자고 힘을 북돋아 주었다.

1645년(인조 23) 채득기는 오랜 볼모 생활을 마치고 왕자들과 함께 귀국하였다. 봉림대군은 채득기의 재주를 아끼며, 그를 가까이하고자 다음과 같이 말하였다.

그대의 재주와 지혜는 비록 장자방張子房이나 제갈공명諸葛孔明이라고 해도 그보다 더할 수 없을 것이다. 조정에 청하여 벼슬을 내리고자 한다.

– 『인천채씨세덕록』, 「빙고별좌채공묘지명氷庫別坐蔡公墓誌銘」

하지만 채득기는 사양하고 다음과 같이 대답하였다.

옛날에 이필李泌은 제왕의 친구가 되었으나 벼슬하기를 원하지 않았습니다. 만약 버림받지 않는 은혜를 입게 된다면 유악帷幄에 처하는 것으로 족할 것입니다.

– 『인천채씨세덕록』, 「빙고별좌채공묘지명氷庫別坐蔡公墓誌銘」

봉림대군은 채득기를 한 고조를 도운 장량張良과 촉한蜀漢의 열조烈祖를 도운 제갈량諸葛亮에 견주며, 채득기에게 자신과 함께 하기를 청하였다. 그러나 채득기는 당나라의 명재상으로서 여러 차례 황제의 부름을 거절한 이필을 들며, 은둔의 뜻을 굽히지 않았다. 결국 채득기는 고향으로 돌아왔고 자천대의 무우정에 은둔했다. 봉림대군은 명을 내려 자천대 주변을 그림으로 그리게 하였고, 그가 살고 있는 강과 산을 그에게 하사하였다.

은둔한 채득기의 모습을 보고 세상 사람들은 '숭정처사崇禎處士'라고 불렀다. '숭정'은 명나라의 마지막 연호인데, 숭정처사는 채득기처럼 명나라에 대한 의리를 지키며 은둔한 인사를 일컫는다. 채득기는 은둔 후 세상과 연락을 끊고 지내면서도 홍우정洪宇定(1593-1654)과는 자주 내왕하였다. 홍우정 또한 병자호란 후 태백산에 은둔한 인사였기에 채득기와 뜻을 나누었으며, 그를 군주에 대한 의리의 상징으로 추앙받는 백이伯夷와 숙제叔齊에 비견하기도 했다.

1646년 채득기가 세상을 떠나자 봉림대군은 사람을 보내 치제하며, 그의 죽음을 애도하였다. 훗날 채득기는 집의執義로 추증되었고, 웅연서원에 제향되었다. 절의를 지킨 채득기의 행적은 『존주록尊周錄』·「명배신전」 등에 수록되어 있다.

가풍을 이은
후예들

4 도통을 잇다

1) 기호학파를 계승한 채하징蔡河徵(1619–1687) · 채지면蔡之沔(1639–1689)

16세기 중반 이후 사림파가 설정한 도통은 분기分岐하게 된다. 사림들은 서경덕徐敬德·이황李滉·조식曺植·이이李珥 등 거유巨儒의 문하에서 활동하며 하나의 학파로 좌정하였다. 하지만 16세기 후반 사림의 분열과 당쟁의 고착화로 인해, 학파는 특정 당색을 띠며 다른 학파와 정치적으로 경쟁하였다.

사화기에 채수의 가문은 학문적으로 경학에 경도되지 않고 다양한 분야에 능통한 가학의 전통을 형성하였다. 이후 사림 계열에서 학파의 분화가 이루어지지만, 뚜렷한 당색을 드러내지 않은 채 여러 명현과 교유하는 모습을 보여 주었다. 그러나 17세기 당쟁이 격화되자, 향촌 사회에 기반을 둔 사대부들도 학파와 당색을 드러내기 시작하였다. 이후 채수의 후손 중에서도 기호학파畿湖學派와 영남학파嶺南學派로 각각 좌정하는 인사들이 등장하게 된다.

17세기 기호학파의 당색은 서인西人·노론老論으로서 '이이–김장생金長生–김집金集–송시열宋時烈·송준길宋浚吉'로 이어지는 학문적 계보를 도통으로 내세웠다. 특히 17세기 중반 무렵 영남 지역에서 송시열 문인들이 다수 배출되었다. 이로써 영남학파가 주축을 이룬 영남 일대에서 기호학파의 전통을 계승한 가문이 적지 않게 등장하게 된다. 당시 영남의 송시열 문인 중 함창 출신으로는 채석주蔡錫疇(1619–1647)와 채하징·채지면 3인이 확인되는데 모두 채수의 후손이다. 그중에서도 채하징과 채지면의 행적이 주목된다.

먼저 채하징의 자는 희서羲瑞, 호는 취암翠巖이다. 채하징은 채수의 장남인 채윤권의 6대손으로 증조부는 별정교위 채천경蔡天經, 조부는 충의위 채이건蔡以乾, 부친은 부사과를 지낸 채상주蔡尚周이다. 그는 어린 시절부터 총명함이 남달랐는데, 성장해서는 송시열의 문하에서 수학하기 시작하였다. 1657년(효종 8) 생원시에 합격하였다.

1659년 효종이 승하하고 현종이 즉위하자, 아직 생존해 있던 인조의 계비 장렬왕후莊烈王后 조씨趙氏에 대한 복제服制 논쟁, 즉 예송논쟁禮訟論爭이 일어난다. 인조의 차남이자 며느리인 효종과 인선왕후仁宣王后 부부가 각각 1659년과 1674년에 붕어했을 때, 계모이지만 모친인 장렬왕후가 입어야 할 상복의 종류를 두고 서인과 남인이 다른 주장을 한 것이다. 상복의 종류에 따라 복상服喪하는 기간이 달라지는데, 그 기준은 살아 있는 사람과 고인과의 관계였다. 서인은 일반 사대부가의 예법에 따라 효종과 인선왕후를 각각 차자와 둘째 며느리로 보고, 장렬왕후가 여기에 해당하는 상복을 입는 것이 옳다고 하였다. 반면, 남인은 효종이 왕위를 계승했기 때문에 효종과 인선왕후가 장자와 맏며느리에 해당한다며, 장렬왕후가 입어야 할 상복을 다르게 주장하였다. 이 문제는 복제 논쟁으로 시작했지만, 왕통王統 문제가 거론되면서 서인과 남인 간의 치열한 당쟁으로 변질되었고, 그 파장은 숙종 연간까지 이어졌다.

예송논쟁 당시 서인의 예론禮論을 주창한 자가 바로 송시열이다. 1659년 1차 예송에서는 서인이 승리했지만, 1674년 2차 예송에서는 남인이 승리하였다. 이를 계기로 남인이 집권하였고, 서인 예론의 주창자였던 송시열은 멀리 유배되었다.

송시열이 유배되자 그의 문인들이 스승을 구제하고자 상소문을 올렸다. 영남에서는 채하징이 앞장섰다. 1678년(숙종 4) 채하징은 영남 유생 160여 명과 함께 상소를 올렸는데, 그 내용은 다음과 같다.

> 영남 유현의 유교가 쇠하여지자, 정인홍鄭仁弘의 사설邪說이 자행되어 일종의 소술紹述하는 무리들이 그 논의를 주장하였으나, 고묘告廟하자는 논의에 이르러서는 그리하지 못했습니다. … 그 진술한 말의 요점도 그 군부

君父를 폄박貶薄하고, 종통宗統을 옮기어 빼앗으며, 백성의 뜻을 의혹시키고 어지럽혔다는 3자에 불과할 따름입니다. 기해년의 기복朞服은 실로 국조에서 이미 행하였던 제도를 준행한 것이며, 송시열 등의 민심을 기르는 말은 단지 한바탕 쓰지 못할 빈말이 되었습니다.

– 『숙종실록』 권7, 4년 7월 2일

채하징에 앞서 상주의 유생 이재헌李在憲이라는 자가 상소를 올렸는데, 그 내용은 송시열의 예론을 비난하고 종묘宗廟에 그의 잘못을 아뢰어 종통을 바로잡자는 것이었다. 이에 채하징이 영남 기호학파의 대표가 되어 송시열을 구제하는 상소를 올렸다. 하지만 숙종은 채하징이 죄괴罪魁(송시열)를 구원하려고 왕법을 어겼다는 죄목으로 변방인 경흥慶興으로 유배시켰다. 비슷한 시기에 이동형李東亨(1637–1717)도 송시열을 구제하는 상소문을 올렸다가 함께 북쪽으로 유배되었는데, 이들의 의리를 듣고 송시열은 두 사람에게 시를 지어 주었다.

두어 달 장마로 물이 도랑에 가득하니,	淫潦連月漲盈溝
백로와 원앙이 좋은 시절 만났구나.	蜀玉鴛鴦得意秋
세상의 잡소리 끊임없이 들려오고,	世上喧啾來不盡
하늘가 가는 세월 멈추기 어려워라.	天涯歲月去難留
울 너머 새 초빈엔 아침마다 곡성이고,	隔籬新殯朝朝哭
섬돌 옆에 생강 싹은 날마다 돋아난다.	傍砌生薑日日抽
북녘에 귀양 간 채씨 이씨를 생각하니,	遙憶北荒囚蔡李
모진 바람 눈보라에 옷이라도 받았는지.	獰飆吹雪授衣不

– 『송자대전宋子大全』 권4, 「억새북이적憶塞北二謫」

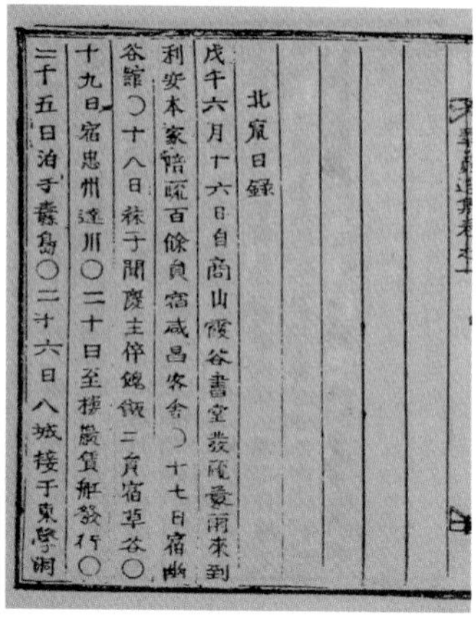

北遷日錄
戊午六月十六日自尙山霞谷書堂發配憂雨未到
利安本家陪疏百餘員宿咸昌客舍○十七日宿幽
谷館○十八日秣于聞慶主倅餽飯二員宿草谷○
十九日宿忠州達川○二十日至楞巖賃船發行○
二十五日泊于蠶島○二十六日入城接于東學洞

『취암유집』에 수록된 채하징의 유배 일기인 「북천일록」(한국국학진흥원 제공)

1680년(숙종 6)에는 경신환국이 일어나면서 남인이 물러가고 서인이 재집권하였다. 유배되었던 채하징도 이때 풀려났다. 서인 정권하에서 채하징은 천거를 받아 1682년 참봉에 올랐고, 선공감 봉사·사재감직장·종부시주부 등의 관직을 역임하였다. 문집으로는 2권 1책의 『취암유집翠巖遺集』이 전한다.

채지면의 자는 한경漢卿, 호는 수암漱菴이다. 채지면은 채수의 장남인 채윤권의 5대손으로 난재종가의 봉사손이다. 증조부는 채유근, 조부는 채홍, 부친은 부사과를 지낸 채몽정蔡夢井으로 송시열의 스승인 김장생의 문인이다. 채지면은 대를 이어 기호학파의 적통인 송시열·송준길 양 문하에서 수학하였다. 평소 풍경 좋은 곳에서 글 읽기를 좋아하여, 선대로부터 내려온 옛터에다 집을 지으니, 송시열이 채지면에게 '수암潄菴'이라는 두 글자를 써 주었다. 채지면은 이 글을 문 위에 걸었으며, 자신의 호로 삼았다.

1675년 예송논쟁의 패배로 송시열이 유배를 가게 되자, 채지면은 스승을 찾아 문안드리고 한 편의 시를 지어 드렸다.

사람들은 많이들 계조처럼 헐뜯는데,	人多繼祖詆
피를 토한 문중을 닮을 자는 누구인가!	誰嘔文仲血
만고를 두고두고 이내 심사 비춰 줄,	萬古照心事
저 하늘 복판에 해가 있고 달이 있네.	中天有日月

–『한수재집寒水齋集』 권32, 「진사채공묘표進士蔡公墓表」

위의 시에서 계조는 주자를 모함한 남송의 심계조沈繼祖이며, 문중은 북송 때 정이천程伊川을 탄핵한 공문중孔文仲을 일컫는다. 채지면은 송시열을 정이천·주자에 비견되는 성리학의 도통으로 인식한 것이다. 즉, '정이천–주자–송시열'로 이어지는 기호학파의 도통이 간신들에 의해 비난받고 있음을 위로하고 있다.

1678년 같은 가문의 채하징이 송시열을 구제하는 상소문을 올렸다가 유배당하자, 채지면은 말을 팔아 채하징에게 노자로 보태 주었다. 1681년(숙종 7) 생원시에 합격하였으며, 1685년(숙종 11) 장원서별검掌苑署別檢에 제수되었지만, 나아가지 않고 고향으로 돌아와 학문에 전념하였다. 유집으로 2권 1책의 『수암유집潄菴遺集』이 전한다.

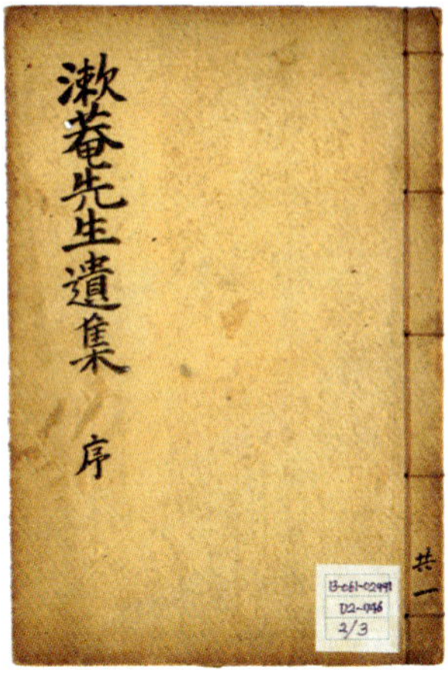

『수암유집』(국립중앙박물관 제공)

2) 영남학파를 계승한 채헌징蔡獻徵(1648-1726)

영남학파는 이황의 학통을 계승한 퇴계학파退溪學派, 조식의 학통을 계승한 남명학파南溟學派, 장현광張顯光의 학통을 계승한 여헌학파旅軒學派로 대별된다. 그중에서도 퇴계학파는 영남학파의 주류이면서, 당색으로는 남인으로 좌정하였다. 퇴계학파는 이황의 문인에 따라 분파가 나뉜다. 특히 '이황-류성룡柳成龍-정경세'로 이어지는 서애계西厓系와 '이황-김성일-장흥효張興孝-이현일李玄逸(1627-1704)'로 이어지는 학봉계鶴峯系가 경상도 북부 지역에서는 큰 영향력을 발휘하고 있었다. 채수의 후손들도 이 계열에 접목하였는데, 채소권의 증손인 채득해가 서애계인 정경세의 문인으로 확인되며, 학봉계 중에서는 이현일의 문인인 채헌징의 활동을 주목할 수 있다.

채헌징의 자는 문수文叟, 호는 우헌愚軒·여물헌與物軒이다. 채헌징은 채수의 장남인 채윤권의 6대손이다. 증조부는 참봉을 지낸 채천계蔡天啓, 조부는 채이복蔡以復, 부친은 채기종蔡起宗이다. 그런데 채헌징은 승정원좌승지를 지낸 채지수蔡之洙의 양자가 되었다. 채지수는 채수의 삼남인 채승권의 5대손이다.

채헌징은 어렸을 때 권극윤權克允에게 공부하였고, 성장해서는 홍여하, 중년에는 이현일의 문하에서 수학하면서, '이황–김성일–장흥효–이현일'로 이어지는 영남학파의 구성원이 된다. 그는 당쟁이 치열하게 전개되던 시기에 관직 생활을 하였지만, 큰 갈등에 휩쓸리지는 않았다.

1675년(숙종 1) 진사시에 합격하였고, 1678년 식년시 문과에 급제하였다. 1680년 찰방에 오르지만, 그해 경신환국으로 정국이 급변하자 관직에서 물러났다. 1686년 성균관박사가 되었고, 병조정랑·사간원정언을 거쳐 1693년 진주목사로 부임하였다. 진주목사 재임 중 충신묘忠臣廟의 제례 규약을 정비하고 촉석루矗石樓를 중수하는 등 선정을 베풀었지만, 1694년(숙종 20) 갑술환국으로 남인이 실각하자 다시 관직을 그만두었다. 이후 다시 등용되어 인동부사와 영해부사를 지냈다. 만년에는 고향 함창으로 돌아와 향촌 사회 활동과 학문에 주력하였다.

채헌징의 행적에서 주목할 점은 '이황–김성일–장흥효–이현일'로 이어지는 영남학파로 활동한 것뿐만 아니라, 함창 지역 문풍 진작을 위해 큰 활약을 했다는 것이다.

먼저 채헌징은 1704년 이현일이 세상을 떠나자 다음과 같이 제문을 썼다.

> 선생께서는 … 성대聖代를 만나 나아가서 세상에 쓰였으나, 아름다운 비단과 기름진 진미가 그 뜻을 방탕하게 하지 못하였고 그 지조를 변하게 하지 못하였습니다. 곧은 도가 빌미가 되어 재앙이 함께 일어나니, 죄가 아닌 일로 옥에 갇히게 되었습니다. 형틀이 매우 엄하였으나 경문에 근거하여 대답하는 것이 분명하니, 망극한 죄로 얽어매려 하여도 끝내 불측한 화를 가할 수가 없었습니다.
>
> -『갈암집』 부록 권5, 「제문祭文」

이현일은 남인의 산림山林이자 영남학파를 영도하던 인물로 당대에 명망이 높았지만, 1694년 갑술환국으로 노론이 집권하자 반대파에 의해 심한 고초를 당한 후 극변에 위리안치圍籬安置되었다. 이현일을 공격하던 세력은 그가 인현왕후仁顯王后를 모해한 '명의죄인名義罪人'이라고 낙인찍어 버렸다. 채헌징은 같은 영남학파의 구성원이자 남인으로서, 제문을 통해 스승의 억울함을 변호한 것이다.

한편, 정종로는 채헌징의 문집인 7권 3책의 『우헌집愚軒集』의 서문을 쓰면서, 채헌징에 대해 다음과 같이 평가하였다.

> 공의 세대에 영남 지방의 훌륭한 선배로는 오직 목재木齋(홍여하) 선생과 남악옹南岳翁(이현일)이 있었다. 공은 대개 그들을 스승으로 섬겨 종유하였

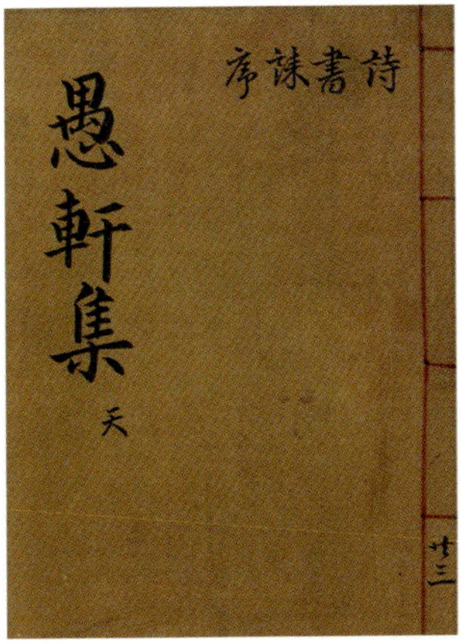

『우헌집』(한국국학진흥원 제공)

으나, 얼마 되지 않아 모두 돌아가셨다. 이에 공의 벗들과 이름난 선비들은 또 멀리 혹은 낙동강 왼쪽 수백 리 밖에 있었고, 오직 이 낙동강 오른쪽 지역에서는 공이 우뚝이 노魯나라 영광전靈光殿같이 유가의 큰 논의를 주장하였으니, 우리 유학자들이 공경하여 본받을 분은 공이 아니면 그 누구겠는가!

– 『입재집立齋集』 권26, 「우헌유집서愚軒遺集序」

정종로는 이현일의 학통을 계승한 자가 한양에서 바라보았을 때 낙동강 서쪽, 즉 안동을 중심으로 한 경상좌도에는 많으나, 낙동강 동쪽, 즉 상주를 중심으로 한 경상우도에는 오로지 채헌징만 남아 있다고 하였다. 이는 상주·함창 일원에서 지니는 채헌징의 학문적 위상을 잘 보여 주는 대목이다.

실제로 채헌징은 1691년(숙종 17) 함창에 임호서원을 창건하는 과정에서, 함창 사림을 대표해 관찰사에게 청원서를 보내어 서원 건립의 정당성을 호소하였다. 1705년(숙종 31)에는 고향 함창의 신안서당新安書堂과 사마소司馬所 중수에 참여하였으며, 이어서 향음주례鄕飮酒禮를 거행하였다. 또한 상주 도남서원의 원장을 역임하는 등 영남학파의 일원으로서 지역의 학문 융성과 인재 양성에 큰 영향을 끼쳤다.

가풍을 이은
후예들

5 민족의 독립을 위해

1) 비밀결사 대한광복회를 이끈 채기중蔡基中(1873-1921)

1876년(고종 13) 체결된 강화도 조약을 시작으로 일제는 우리 민족의 이권을 잠식하였고, 점진적으로 내정 간섭을 강화해 나갔다. 청일전쟁에서 승리한 이후에는 조선에 대한 식민지 야욕을 노골적으로 드러내었다. 이후 우리 민족은 의병 전쟁과 애국계몽 운동을 전개하며 일제에 저항했다. 그러나 1905년 을사늑약을 통해 외교권을 박탈당한 데에 이어, 1910년 8월 29일 한일합병으로 국권마저 완전히 피탈당한다.

그로부터 35년간 민족의 독립을 이루고자 많은 애국지사들이 국내외에서 독립운동을 전개하였다. 1910년대 국내 독립운동의 중심은 비밀결사에 있었다. 일제는 1910년대 무단통치를 실시하며, 우리 민족의 기본권을 제한하였다. 그런 가운데 국내의 애국지사들은 일제의 눈을 피해 비밀결사를 조직하고, 이를 통해 민족 독립을 도모하였다. 1910년대에 결성된 여러 비밀결사 중 선구적 역할을 한 조직이 있다. 바로 난재종가의 후손인 채기중의 주도로 결성된 대한광복회이다.

채기중은 자가 극오極五, 호가 소몽素夢으로 채수의 장남인 채윤권의 13대손이다. 증조부는 채유대蔡濡大, 조부는 채우붕蔡禹朋, 부친은 채헌락蔡獻洛이며, 채기중은 오 형제 중 막내다. 그는 1873년 지금의 경상북도 상주시 이안면 소암리에서 태어났다. 유년과 청년 시절을 이안에서 보냈으며, 채세환蔡世煥·문광열文光烈 등에게서 학문을 배웠다. 어린 시절부터 옛 충신과 열사를 숭배한 것으로 알려져 있다.

1906년(광무 10) 당시 34세의 채기중은 풍기로 이주하였다. 조선 후기 민간에 유행하던 도참서圖讖書『정감록鄭鑑錄』에는 '십승지지十勝之地'라 하여 난을 피해 몸을 보전할 만한 장소로 열 곳을 지정하였는데, 풍기의 금계촌金鷄村도 그중 하나였다. 이 때문인지 국운이 기울자 많은 사람들이 풍기로 모여들었다. 채기중은 풍기 한림동과 운전동의 이장을 역임하였고, 어느 정도 재산도 축적하였다. 그렇게 되자 채기중은 뜻을 같이하는 인사들을 모아 독립운동을 구상하게 된다. 집안 아우 채기목蔡基穆에게 지어 준 시에는 당시 채기중의 다짐이 잘 드러나 있다.

채기중 생가인 소몽정사(경상북도 상주시 이안면 소암리)

채기중 영정

천 번이라도 죽겠다는 의리로 능히 일본을 물리치고, 千死義能排彼日
일생 동안 먹은 마음은 우리 대한의 회복이었네. 一生志決復斯韓

– 『인천채씨세덕록』, 「소몽채선생유문」

1913년 채기중은 유창순庾昌淳·유장렬柳璋烈·한훈韓焄·강순필姜順必·김병렬金炳烈·정만교鄭萬敎·김상옥金相玉 등의 인사들과 함께 지금의 경상북도 영주시 풍기읍 동부리에서 비밀결사 조직인 풍기광복단(대한광복단)을 결성하였다. 초기 구성원 중 상당수는 한말 의병 출신이었다. 풍기광복단의 독립운동 방식은 무장투쟁이었다. 이를 위해서는 군대 양성과 군자금 마련이 필요하였다. 풍기광복단은 만주의 독립운동 기지와 연락을 취하면서, 국내 친일 부호를 대상으로 군자금을 모금하였다.

1915년 풍기광복단은 박상진朴尙鎭이 주도하는 대구의 조선국권회복단과 인연을 맺게 된다. 두 단체는 힘을 한데 합치기로 뜻을 모았다. 이에 풍기광복단과 조선국권회복단의 일부 인사들이 결의하여 1915년 7월 15일 대한광복회大韓光復會를 발족하였다. 대한광복회는 경상북도뿐만 아니라, 각 도와 만주로 조직을 확대하였다. 사령관은 박상진이었으며, 채기중은 경상도 지부장을 맡았다. 대한광복회의 4대 강령은 비밀·폭동·암살·명령이다. 우편 마차와 수송 마차를 습격하였으며, 부호들에게 통고문을 발송해 의연금을 요청하였으나 부호들의 비협조로 큰 성과를 거두지 못했다.

그런 가운데 1917년 11월 칠곡의 악덕 친일 부호로 알려진 장승원張承遠에게 군자금을 요청하였다. 장승원은 군자금을 거절하였을 뿐만 아니라 일제 관원에게 대한광복회 대원을 밀고하였다. 이에 채기중과 강순필·유창순 등이 장승원의 집에 잠입하여 그를 권총으로 사살하였다. 장승원 사살 후 채기중 등은 그의 집 대문에 다음과 같은 글을 붙여 대한광복회의 뜻을 세상에 알렸다.

> 하늘과 사람의 합심으로 이 큰 죄를 성토하여 우리 동포를 경계한다. 성토 경계하는 사람 광복회원[天人是符 聲此大罪 戒我同胞 聲戒人光復會員]
>
> -「대구복심법원판결문」, 대정 9년 형공 제135호

대한광복회의 활동이 두드러지자 일제의 수사도 강화되었다. 1918년 1월부터 회원들이 하나둘씩 체포되기 시작하였다. 채기중은 군자금을 모아 중국 망명을 준비했는데, 결국 전라남도 일원에서 군자금을 모금하던 중 1918년 6월 27일 목포에서 체포되었다. 체포 후 1심에서 채기중은 사형을 언도받았고, 1920년 형이 확정되었다. 채기중은 재판을 받으면서도 옥중에서 자신의 신념을 조금도 굽히지 않았다. 그 신념은 그가 옥중에서 지은 「자경自警」이라는 시를 통해 확인할 수 있다.

살았으면서 의리가 없다면 그것은 산 것이 아니며,	生而無義自非生
하늘의 뜻에 따라 죽는다면, 죽음이 바로 삶이로다.	死得順天死是生
죽어서 봉공이 되었다면, 어찌 이것이 죽음이겠는가?	死若奉公安此死
살아서 믿음으로 보답하면 이것은 순리의 삶이도다.	生將報信順其生

지금은 법이 없는 때이지만 사람은 비록 죽는다 해도, 非法於今雖曰死
지극한 정성은 예전같이 자연히 살아나리라. 至誠從古自然生
차라리 함께 죽지 못할지언정 어찌 홀로 살리오, 死寧非共生何獨
말없이 하늘 바라보니 빛나는 태양 나타나네. 無語看天白日生

–『인천채씨세덕록』, 「소몽채선생유문」

1921년 8월 12일 서대문 형무소에서 사형이 집행되었고, 채기중은 49세의 나이로 순국하였다. 1963년 그에게 건국훈장 독립장이 추서되었다. 2005년에 그의 생가인 소몽정사素夢精舍가 복원되었으며, 현재 '만세동산'에 그를 추모하는 추모비가 세워져 있다. 만세동산은 난재종가 후손들의 독립운동을 기리기 위해, 2005년에 상주시 이안면 소암리에 조성되었다.

2) 구국의 의병 전쟁을 펼친 채섬환蔡暹奐(1874–1944) · 채충진蔡忠鎭(1889–1930)

1895년 명성황후 시해 사건과 단발령이 촉매제가 되어 항일 의병 전쟁이 일어났다. 하지만 당시 의병 전쟁은 유림 층이 주도하였다. 1905년 을사늑약이 체결되자 의병 전쟁은 민족적 항쟁으로 발전하였고, 1907년 군대 해산을 계기로 의병의 규모는 더욱 커져 갔다. 각 지역의 의병 부대는 주로 험준한 산세를 활용하여 유격전을 전개하였다. 1907년 문경 출신의 이강년李康秊(1858–1908)이 영춘永春에서 의병을 일으켰고, 스스로를 호좌의병

장湖左義兵將이라 불렀다. 이강년은 앞서 1896년 1월 문경에서 의병을 일으킨 적이 있다.

그의 의병 부대는 천혜의 요새인 소백산맥을 넘나들며 일본군과 충돌하였다. 이에 소백산맥 인근 고을의 청년들도 구국의 뜻을 펼치고자 이강년 부대에 속속 합류하는데, 난재종가의 후손으로 이안 출신의 채섬환과 채충진도 여기에 함께하였다.

먼저 채섬환은 자가 효진孝進, 호가 후곡后谷으로 채수의 삼남인 채승권의 14대손이다. 증조부는 채상기蔡象奇, 조부는 채주익蔡周翼, 부친은 채세필蔡世弼이다. 그는 1874년 지금의 경상북도 상주시 이안면 여물리에서 태어났다.

채섬환은 을사늑약이 체결되자 의병에 합류하기로 결심하고 동지를 찾아 나섰다. 그런 가운데 이강년이 재봉기하자 그의 의병 부대에 참여하여 좌종사坐從事로 활동하였다. 채섬환은 이강년의 휘하에서 창의 격문을 배포하였으며, 의병 모집과 군수 물자 조달에 힘썼다. 그러나 1908년 7월 청풍 작성전투鵲城戰鬪에서 이강년이 체포되면서 의병 부대는 와해되었다. 이후 채섬환은 중군장 김상태金尙台의 휘하로 들어가 활동했지만, 1909년 주요 간부들이 체포되자 더 이상 뜻을 펼치지 못한 채 고향으로 돌아왔다.

이후 채섬환은 의병에 참여한 전력 때문에 지속적으로 일제의 감시를 받았다. 그러면서도 채섬환은 의병 동료의 유족들을 보살펴 주었다. 고향에 양파정兩坡亭을 짓고 후진 양성에 힘썼는데, 끝내 광복을 보지 못하고 1944년 세상을 떠났다. 1999년 그에

채충진 추모비(경상북도 상주시 이안면 이안리)

게 건국포장이 추서되었으며, 2005년 상주 만세동산에 그를 위한 추모비가 세워졌다. 문집으로 2권 1책의 『여산세고麗山世稿』가 전한다.

채섬환과 함께 이강년의 의병 부대에서 활동한 채충진은 채수의 장남인 채윤권의 13대손이다. 그의 자는 극명克明, 호는 석창石倉이며, 증조부는 채선국蔡善國, 조부는 채상묵蔡象默, 부친은 채규복蔡圭復이다. 채충진은 19세의 나이로 재봉기한 이강년의 부대에 가담하여 문경 갈평전투와 황간전투에서 공을 세웠다.

채충진은 일제 강점기에는 청년운동을 하였고 채기중의 군자금 모금을 돕기도 했다. 그 외에 의열단義烈團을 지도하고 신간회에서 활동했다고 한다. 아직까지 독립유공자로 서훈되지 못하였다. 1993년 함창 유림들이 이안리 마을 입구에다 추모비를 세웠는데, "이곳을 지나는 길손들이여, 이 비 앞에 경건히 고개 숙일지어다. 이 비는 한 생애를 나라 위해 바치신 석창 채충진 선생을 기리는 비이기 때문이다."라는 비문 구절이 인상적이다.

3) 난재종가의 후손들이 주도한 이안면 소암리 3·1 운동

1919년 3월 1일을 시작으로 민족의 독립을 요구하는 3·1 운동이 전국적으로 일어났다. 1910년 국권 피탈 후 일제는 무단통치로서 우리 민족의 기본권을 제한하였다. 3·1 운동은 일제의 폭압적인 식민지 지배에 저항하고 한일병합이 무효임을 전 세계에 알리고자, 전국의 남녀노소와 각계각층의 인사가 참여한 민족운동이다. 3·1 운동은 비폭력 만세운동으로 시작되었는데, 3월 중순부터는 도시와 읍내뿐만 아니라 시골에서도 농민 주도의 만세운동이 일어났다.

상주에서는 1919년 3월 23일과 24일 장날에 맞추어 상주장터에서 만세운동이 시작되었으며, 두 번째 만세운동은 그로부터 며칠 뒤인 3월 29일 상주시 이안면 소암리에서 일어났다. 소암리 만세운동의 특징은 이곳에 집성촌을 형성하고 있는 인천채씨 문중이 주도했다는 것이다. 마을 주민인 채세현蔡世鉉(1890-1950)과

소암리 만세동산의 비석(왼쪽부터 채섬환 추모비, 채기중 추모비, 기미독립만세기념비)

채순만蔡淳萬(1901-?)이 주동하였고, 소암리의 채씨 청년 20여 명이 참여하였다. 이들은 3월 29일 밤 마을 남쪽 제방에 모여 "대한 독립 만세"를 여러 번 외친 후 자진 해산하였다. 그러나 이 사실이 일제 경찰에 발각되어 주동자인 채세현과 채순만이 체포되었다. 두 사람은 보안법 위반으로 재판을 받고 옥고를 치렀다.

주동자 채세현과 채순만은 각각 채수의 장남 채윤권의 14대손과 15대손이다. 채세현은 1992년 독립운동을 인정받아 대통령 표창에 추서되었으나, 채순만은 독립유공자로 서훈되지 못하였다. 1950년 6·25 전쟁 때 실종되었기 때문이라 생각된다. 소암리 만세동산에는 만세운동에 참여한 인사들을 기리는 '기미독립만세기념비'가 세워져 있다.

제4장

선조들의 자취가 어린 공간

선조들의 자취가
어린 공간

1 선조의 넋을 기리다

1) 해태가 받치고 있는 난재 채수 신도비

백두대간의 숭덕지맥에 해당하는 해발 231m의 숭덕산崇德山은 오래전부터 명당으로 주목받았다. 혹자는 고대 왕국 고령가야의 진산이라고도 한다. 숭덕산은 상주시 이안면 여물리·가장리·이안리·예주리와 공검면 율곡리에 걸쳐 있으며, 동쪽으로 오봉산을 마주 보고 있다. 숭덕산과 오봉산 사이로 난재 채수의 인천채씨 후손들이 삶의 터전을 형성하였다. 숭덕산 북쪽으로 넓게 함창평야가 펼쳐져 있으며, 그 앞으로 함창의 젖줄인 이안천이 흐른다. 따라서 이곳은 명당일뿐더러 누정을 짓고 소요하기도 좋다.

남재사(경상북도 상주시 이안면 율곡리)

숭덕산에는 여러 가문의 묘소가 산재해 있는데, 난재 채수의 묘도 숭덕산 동남쪽 율곡栗谷 기슭, 즉 지금의 상주시 공검면 율곡리 산71에 부인 안동권씨의 묘와 함께 조성되었다. 채수의 묘 남쪽에는 차남 채소권의 묘가 있으며, 북쪽에는 안동권씨 권회와 권림權琳의 묘가 있다. 권회는 채수의 처조부, 권림은 권회의 손자이다. 처가의 묘가 먼저 숭덕산에 자리 잡고, 이어 채수의 인천채씨도 한편을 차지한 것으로 보인다. 묘소 서쪽에는 남재사南齋舍가 있는데, 숭덕산에 묘소를 마련한 청주곽씨·안동권씨·창녕조씨·인천채씨 네 가문이 묘역 관리를 위해 1720년경에 건립했다고 한다.

숭덕산에 산재한 여러 묘소는 남쪽 율곡으로 난 길을 통해야 접근하기에 용이하다. 율곡을 통해 숭덕산을 향하다 보면, 산 초입에 큰 비각이 나타난다. 비각 안에는 우뚝 솟은 비석이 하나 있는데, 바로 채수의 신도비神道碑이다. 이 비석과 맞닥뜨리면 누구나 그 뒤에 자리 잡은 묘의 중요성을 알 것이다. 채수 부부의 묘는 신도비에서 북쪽으로 약 100m 떨어진 산기슭에 위치한다.

신도비는 조선 시대 2품 이상의 관직을 지냈으며, 후세의 사표師表가 될 만한 뚜렷한 업적을 세웠을 경우, 고인의 행적을 기리기 위해 세우는 비석이다. 보통 신령이 지나가는 신도神道, 즉 묘의 남쪽에 남향으로 세우며, 비문에는 사자死者의 일대기가 기록되어 있다. 따라서 신도비의 존재는 사자死者뿐만 아니라, 건립을 주도하는 세력의 정치·사회·학문적 위상을 보여 준다.

난재 채수의 신도비는 상주 지역에 현존하는 신도비 중 가장 오래된 것이다. 채수가 참판을 지냈고 공신에 봉해졌기 때문에 사후에 신도비를 건립할 만한 자격이 되었다. 신도비 건립은 채수의 셋째 사위 김안로가 주도적 역할을 한 것으로 보인다. 채수가 세상을 떠난 지 2년 뒤인 1517년 김안로는 장인의 행적을 엮은 후 대문장가로 명망 있던 남곤南袞(1471~1527)에게 신도비명 작성을 부탁하였다. 당시 김안로는 이조참의였으며, 남곤은 의정부 좌찬성이었다. 이런 과정을 거쳐 채수의 신도비가 건립되는데, 신도비명의 찬자는 남곤, 서자書者와 전자篆者는 홍언방洪彦方이며, 각자刻者는 미상이다.

18세기 후반 왕명으로 편찬된 것으로 보이는 『국조인물고國朝人物考』에는 채수의 전기로 남곤이 쓴 신도비명이 수록되어 있다. 특히 비문 말미의 명문銘文에는 채수의 삶이 잘 요약되어 있다.

500년 운수가 일어나니,	五百運作
성종 같은 성왕 나왔도다.	成考之聖
그 누가 보좌하였는가?	誰其佐之
바로 양정공이도다.	厥惟襄靖
공이 보필을 어떻게 하였는가?	其佐伊何
무술년(1478)을 맞이하여,	歲丁戊戌
간신이 조정에서 나왔도다.	奸臣在朝
…	…
소를 올려 그의 간사한 실정을 논하니,	剡章論列
그 말이 만 마디가 넘었도다.	其言踰萬
자신의 강직을 자랑하려는 것이 아니라,	匪沽其直
오직 임금의 지우知遇에 보답하려는 것이었다.	惟以報知
…	…
저 함창의 한 어귀는	彼咸一曲
방황하여 노닐 수 있었도다.	可以盤桓
쾌재정에 드높이 누워서	高臥快哉
강호의 산들을 빙 둘러보았도다.	縱目湖山
진퇴를 알맞게 하기란	進退之宜
군자가 어렵게 여긴 바이도다.	君子所難

– 『국역 국조인물고』 29, 「채수」

남곤은 이 명문을 통해 채수의 가장 큰 행적으로 1478년 임사홍의 간사함을 미리 알아보고 탄핵한 점을 들었다. 또한 채수가 만년에 관직에서 물러나 쾌재정에 소요한 것은 군자의 자취라고 평가하였다.

신도비는 크게 비석 받침과 비신碑身, 머릿돌로 구분되며, 채수의 신도비도 이를 따르고 있다. 총 높이는 374cm인데, 그중 비석 받침이 94cm, 비신이 208cm, 머릿돌이 72cm에 이른다.

채수의 신도비에서 가장 눈에 띄는 것은 비석 받침이다. 간소한 형태의 비석 받침은 사각형 받침을 쓰거나, 화려하게 조성할 때는 거북이 모양의 받침, 즉 귀부龜趺를 쓰는 것이 보편적이다. 그런데 채수 신도비의 비석 받침에는 근육질로 웅크린 동물이 새겨져 있다. 그 동물상은 화강암으로 조성되어 그 강인함이 더 잘 드러난다. 몸에는 운룡雲龍이 새겨져 있다. 그리고 이 동물상은 머리를 들어 오른쪽 전면을 향하고 있는데 해태로 추정된다. 해태는 시비와 선악을 판단할 줄 아는 상상의 동물이다. 간신을 미리 알아보고 탄핵한 채수의 행적이 감안된 것이 아닐까 하는 생각이 든다.

채수 신도비의 비신과 이수는 하나의 대리석으로 제작되었다. 비신의 글씨는 전면에만 있는데, 풍화로 인한 마모가 심하고 돌이끼가 많아 그 내용을 판독하기는 어렵다. 비신 상단에는 '인천채공신도비명병서仁川蔡公神道碑銘倂序'라는 전액篆額이 해서체楷書體로 새겨져 있다.

머릿돌을 간략하게 제작할 경우 팔작지붕의 형태를 쓰기도

난재 채수 신도비

신도비 비석 받침

하지만, 채수의 신도비처럼 규모가 웅장한 신도비에는 이수螭首를 사용한다. 이수는 용의 형상을 조각한 머릿돌인데, 용은 수호의 의미를 가지고 있다. 채수의 신도비 이수에는 용과 구름, 파도가 고부조로 새겨져 있어 역동감이 느껴진다. 신도비의 웅장함을 더하며, 묘소와 비가 오래도록 후세에 계승되게 해 달라는 바람이 담겨 있다.

채수의 신도비는 경상북도 유형문화유산으로 지정되어 있다. 1998년 지정 당시 문화유산의 명칭은 '나재 채수 신도비'였으며, 문화유산 안내판에도 같은 명칭이 사용되고 있다. 따라서 '난재 채수 신도비'로의 명칭 변경이 요구된다. 한편, 난재 채수 신도비에서 동남쪽으로 약 250m 떨어진 지점의 길목에는 또 하나의 난재 채수 신도비가 있다. 세월의 풍파 때문에 옛 신도비의 글씨를 판독하기 어려워, 지나가는 사람들이 보다 쉽게 그 내용을 확인할 수 있도록 1996년 후손들이 새로 건립한 것이다.

2) 함창 최초의 서원, 임호서원臨湖書院

상주 함창의 오봉산 동쪽 자락에 시멘트 담장으로 둘러싸인 두 채의 건물이 북동쪽을 향해 자리 잡고 있다. 건물의 전면으로는 이안천이 흐르고 함창평야의 여러 들판이 펼쳐진다. 이 건물은 옛 모습에서 많이 변형되었지만, 조선 시대 사학私學 기관인 임호서원이다. 현재 주소는 경상북도 상주시 함창읍 신흥리산21-1이며, 표연말表沿沫(1449-1498)·홍귀달·채수·권달수權達手(1469-1504)·채무일 5인을 제향하고 있다.

서원은 지방 관학인 향교鄕校와 달리 지역 사림들이 관부의 협조를 받아 운영하며, 일반 서당과 달리 향교처럼 명현의 위패를 모시고 제사를 드린다. 서원 제도는 중국에서 유래하였지만, 사림이 서원의 운영을 주도하고 제의를 중요시하는 것은 조선 서원만의 특징이다. 보통 서원에 모셔진 명현은 지역과 연고가 있는 인사들이다. 16세기에 사림 정치가 발달함에 따라, 풍기 백운동서원白雲洞書院(소수서원)을 시작으로 전국에 많은 서원들이 건립되었다. 서원은 사림을 양성하는 교육 기능뿐만 아니라, 사림의 공론을 모으는 정치·사회적 기능, 유학의 명현을 섬기는 교화의 기능을 함께 가지고 있다. 으레 조선 시대 사대부라면 가문의 현조顯祖를 서원에 제향하고, 서원을 출입하면서 가문과 지역의 현안을 논의하였다. 이에 옛 함창의 사림들도 지역 출신의 명현을 제향祭享하는 서원을 건립하게 되는데, 그 첫 번째 서원이 바로 임호서원이다.

임호서원의 시작은 1590년(선조 23)으로 거슬러 올라간다. 당시 함창현 사림은 나한리의 입암산 아래에 서원을 처음 건립하였다. 서원의 명칭은 검암儉巖이었는데, 제향 인물은 정하지 못하였다. 1592년 임진왜란으로 건물 전체가 소실되어 버렸다. 전란이 끝난 후 함창 사림은 서원을 복설하고자 노력했으나, 재용이 부족한데다 의견이 일치되지 않아 오랫동안 뜻을 이루지 못하였다.

1691년(숙종 17) 드디어 서원이 재건되었다. 서원을 복설한 장소는 읍치 남쪽의 성암서당城巖書堂 옆이었다. 이곳은 지금의 공검면 역곡리 일원인데, 멀리 공검지를 바라보는 관계로 서원 이름을 '임호臨湖'로 정하였다. 제향 인물은 함창과 연고를 가진 표연말·홍귀달·채수·권달수 4현으로 의견을 모았다. 4현 모두 높은 관직에 오른 명현으로 사화기 때 화를 입었다는 공통점을 가지고 있다. 채수의 손자인 채무일은 뒤에 추향追享하였다.

그렇게 검암서원이 소실되고 약 100년 만에 임호서원으로 복설되자, 함창의 사림들도 학문을 닦고 제의를 지낼 공간을 가지게 되었다. 이는 단순히 교육·교화 공간이 마련되는 데 그치지 않았다. 서원의 유무가 함창 고을의 위상과 직결되기 때문이다. 따라서 임호서원 건립은 함창 사림의 노력이 맺은 결실로 이해할 수 있는데, 그중에서도 채헌징의 노력이 주목된다. 채헌징은 채수의 후손으로서 이현일의 문인이었고, 여러 관직을 역임하였다. 이를 바탕으로 서원 건립 과정에서 관부의 승낙과 협조를 이끌어 내는 데 중요한 역할을 하였다.

우리들이 또 들으니 서원을 여러 곳에 중복하여 설치하는 것은 나라에서 금하는 법이 있으며 반드시 신청하여 영令을 받아 새로 세워야 하는 것이라 하는바 본읍은 원래 서원이 없었으니, 일읍에 중복된 설치가 아니고 4현이 달리 입향入享한 곳이 없는즉, 4현에 있어서도 중복된 설치는 아니니, 설치는 금하는 조목에는 해당되지 아니한 것이 분명합니다. … 또한 사설私設하는데 금하는 것은 듣지 못하였습니다. 합하閤下(관찰사)께서 어렵다고 하는

임호서원

이원영, 「임호서원이건기」(1989)

것은 이미 다시 설치를 도모할 생각이 없는 것이니 본읍이 어찌 끝까지 서원이 없을 수 있습니까? 또한 이 서원을 세우는 경비를 말하면 역사는 전체 현縣의 인력이 두어 달 수고하여 지으면 되고, 재목은 이미 상량을 마쳤으니 지금 불행히 중지하게 되면 아홉 길을 파서 다된 우물을 버리는 것입니다.

– 『우헌문집愚軒文集』 권4, 「임호서원영건시위사림정방백문臨湖書院營建時爲士林呈方伯文」

위의 글은 서원 복설 당시 채헌징이 경상도관찰사에게 올린 청원서이다. 앞서 관부로부터 임호서원 건립을 허락받고 공사를 추진했지만, 신임 지방관은 조정의 금령을 들며 공사 중지를 지시하였다. 이 무렵 서원이 전국적으로 남설濫設되는 경향이 나타나, 서원의 첩설疊設을 금지하고 있었다. 여기서 첩설은 동일 인물을 여러 서원에 제향하는 것을 뜻한다. 이에 채헌징이 위와 같은 청원서를 보내어 임호서원 건립은 첩설이 아닐뿐더러, 함창에 서원이 없기 때문에 임호서원이 반드시 필요함을 역설하여 관부의 허락을 이끌어 내었다.

이후 함창 사림은 임호서원의 위상을 높이고자 1731년(영조 7)과 1769년에 서원의 사액賜額을 청원하는 상소를 추진했지만, 뜻을 이루지는 못하였다. 임호서원은 1868년(고종 5) 흥선대원군의 서원훼철령으로 철폐되었다. 사림들은 훼철된 서원 자리에 단소壇所를 만들어 제사를 지냈다. 그런 가운데 1988년 제향인의 후손들이 정부의 지원을 받아 현재 위치에 서원을 중건하였다.

현재 임호서원은 강당인 '임호강당臨湖講堂'과 사당인 '경현사

임호강당 ▲

경현사 ▼

'양정공난재채선생' 위패

景賢祠'의 두 채로 구성되어 있다. 건물 배치는 강당이 좌측, 사당이 우측에 있는 '좌묘우학'의 형태이다. 강당은 전면 3칸, 측면 2칸의 팔작지붕이며, 사당은 전면 3칸, 측면 1칸의 맞배지붕이다. 사당 안 주벽에는 표연말·홍귀달·채수·권달수 4현의 위패가 나란히 모셔져 있고, 채무일의 위패는 동쪽 벽에서 서쪽을 향하는 형태로 위치해 있다. 향사는 원래 봄과 가을에 두 번, 새벽 1시 무렵인 축시丑時에 거행함이 원칙인데, 지금은 시대 흐름의 변화에 맞추어 음력 3월 초정일 오전 10시에 한 번 지내는 것으로 변경하였다.

웅연서원 유허비

3) 인천채씨 4현을 제향한 웅연서원熊淵書院

지금의 경상북도 문경시 산북면 서중리 41-1에는 인천채씨 4현을 제향했던 웅연서원이 있었다. 웅연서원의 곁에는 명승지인 주암정舟巖亭이 있고, 동쪽 금천을 건너면 인천채씨 가문의 오랜 집성촌 현리마을이 조성되어 있다. 이곳은 옛 상주목 산양 지역으로 지금은 문경시에 편입되었다.

웅연서원에 제향된 4현은 왕조 교체기 고려의 충신으로 남은 채귀하, 채귀하의 현손 채수, 채수의 차남 채소권, 채소권의 증손인 채득기이다. 웅연서원은 1795년(정조 19) 웅연세덕사熊淵世德祠로 처음 건립되었다. '세덕사'는 한 가문의 명현을 여러 명 제사 지내는 사우를 지칭하며, '웅연'은 주암정이 품고 있는 연못 이름에서 따왔다. 예전 서중리에 세납한 양곡을 저장하는 창고가 있었는데, 곰처럼 크다고 하여 이곳을 '웅창熊倉'이라 불렀다. 웅연도 여기서 유래한 듯하다. 1798년 서원으로 승격하였고, 1868년 흥선대원군의 서원훼철령으로 철폐된 이후 지금까지 복설되지 못했다. 1980년 서원 터에다 '웅연서원유허비熊淵書院遺墟碑'를 건립하여 옛 자리를 확인할 수 있을 뿐이다.

웅연서원의 존속 기간이 길지 않아 연혁을 알 수 있는 자료는 많지 않다. 다만 정종로가 상량문을 작성하여, 이로써 건립 취지의 대략을 파악할 수 있다.

> 대를 이어 명덕名德이 있음에 공경하고 사모함은 진실로 고을과 나라 사람들이 함께하는 것이고, 명승지에 서원을 세움에 숭앙하여 보답함이 자손들에게 더욱 간절하네. 경사가 종당宗黨에 가득하고 기쁨이 사림에 넘치네. 그윽이 생각건대 우리나라의 명가로 인천채씨를 가장 대성大姓으로 꼽네. 수백 년 동안 인仁과 선善을 쌓았으니, 어찌 풍성한 복록을 받을 뿐이겠는가. 8~9대 동안 빼어남과 영기靈氣를 길렀으니, 때문에 많은 현걸賢傑들이 출생함은 마땅하네. … 봄과 가을에 제향을 드림에 자손들은 한결같은 정성을 받들고, 여름과 겨울에 시서詩書를 공부할 때 어린 선비들은 또한 백배의 노력을 해야 하네. 선조를 계승하는 것을 더욱 돈독히 함을 생각하여 빛나는 업적의 부흥을 보기를 바라며, 몸에 학문을 쌓음에 한층 더함을 계칙

하여 아름다운 덕이 거듭 천양될 것임을 점칠 수 있네.

– 『입재집立齋集』 별집 권5, 「웅연서원상량문熊淵書院上梁文」

위 상량문 내용처럼 웅연서원은 인천채씨 가문의 터전에 자리 잡은 만큼 조선 후기 문중 서원으로 건립되었다. 그래서 인천채씨 후손들이 모여 결속력을 다지고, 가문의 자제들에게 학문을 교육하는 장소로 삼았다.

채수의 후손이 번창함에 따라 세거지도 넓어졌고, 옛 함창에서 옛 상주로 이주한 후손들도 있었다. 옛 상주에 터전을 잡은 인천채씨는 채수의 후예로서 결집할 장소가 필요하였다. 이에 가문의 현조들을 제향하는 웅연서원을 건립함으로써, 일족 간의 결속력을 다질 뿐만 아니라, 새롭게 이주한 상주 지역에서 사대부 가문으로서의 위상을 이어 나가고자 했던 것이다.

선조들의 자취가
어린 공간

2 멋과 여유를 찾다

1) 『설공찬전』이 탄생한 곳, 쾌재정快哉亭

쾌재정은 난재종가를 대표하는 유적이다. 채수가 관직을 버리고 고향으로 돌아와 만년을 보낸 곳이자 만년에 『설공찬전』을 저술한 현장으로 추정되기 때문이다. 쾌재정은 경상북도 상주시 이안면 가장리 230-1에 위치해 있다. 이곳은 이안마을 서쪽 끝이며, 나지막한 봉우리 정상부이다. 예로부터 이 봉우리는 누에를 닮았다 하여 잠두봉蠶頭峯이라 불렀다. 북쪽 아래로는 이안천이 흐른다. 쾌재정에서 바라보면 멀리 함창 읍내까지 펼쳐진 함창평야를 조망할 수 있다.

채수는 1506년(중종 1) 가족을 데리고 함창으로 내려왔으며, 이

쾌재정

듬해인 1507년 봄 이안천변에 쾌재정을 건립하였다. '쾌재快哉'의 사전적 의미는 "잘되어 만족스럽게 여겨 내는 소리"이다. 옛사람들은 자신이 소요하는 누정에 '쾌재'라는 편액을 많이 걸었다. 시끄러운 세상을 피해 자연 속에 머물며 작은 행복을 찾는 것이야말로 가장 이상적인 '쾌재'였다.

채수는 쾌재정에서 거문고와 학을 즐기고 학문을 가르치며 세간에 돌아가지 않겠노라고 다짐했다. 다음은 채수가 1514년에 지은 「쾌재정기快哉亭記」의 후반부이다.

그는 소년에 등과해서, 少年登科
최고로 올라갔네. 濫龍頭也
봉군의 위치에 이르니, 位至封君
영광이 지나쳤다. 榮過分也
나이 들어 녹을 사양하고, 年老辭祿
고향으로 돌아왔도다. 來故鄕也
의식을 자족하니, 衣食纔足
다른 욕심은 조금도 없다. 餘無望也
거문고와 바둑, 시와 술로써, 琴棋詩酒
한낱 한가한 사람 되었도다. 一閑人也
시비나 훼방과 칭찬은, 是非毁譽
모두 모르는 일이다. 摠不知也
넉넉하고 한가로이 노닐어, 優哉游哉
이 세상을 마치려 하네. 聊卒歲也

– 『난재집懶齋集』 권3, 「쾌재정기快哉亭記」

「쾌재정기」는 채수가 만년을 어떻게 보내고자 했는지를 잘 보여 준다. 젊은 시절 관직 생활에 매진하여 분수에 넘치는 관직을 얻고 봉군까지 되었으니, 만년에는 고향에서 한가로이 노닐다 생을 마칠 것을 다짐하고 있다. 채수가 세상을 떠나기 얼마 전 쾌재정에서 읊은 시 「쾌재정快哉亭」에서도 비슷한 소회를 엿볼 수 있다.

늙은 내 나이 금년에 예순여섯, 老我年今六十六
지난 일 생각하니 생각이 아득하다. 因思往事意茫然
소년 시절 재예才藝로 대적할 자 없기를 기약했고, 少年才藝期無敵
중년에는 공명이 또한 홀로 훌륭하였다. 中歲功名亦獨賢

세월은 흐르고 흘러 탄식에 묶여 매였고, 光陰滾滾繩歎繫
청운의 길 아득한데 말은 달리지 않는구나. 雲路悠悠馬不前
어찌하면 티끌 세상의 일 다 벗어던지고, 何似盡抛塵世事
봉래산 정상의 신선과 짝이 될 수 있을까. 蓬萊頂上伴神仙

– 『난재집懶齋集』 권2, 「쾌재정快哉亭」

쾌재정은 이후 함창의 명소가 되었다. 이행·정시한丁時翰·황여헌黃汝獻 등 많은 명현들이 쾌재정을 찾았고, 이곳에서 채수의 삶을 돌이켜 봤다. 그중 채수의 묘지명을 찬한 이행은 쾌재정을 방문한 후 다음과 같은 시를 남겼다.

쾌재정이란 이름 들은 지 오래인데, 快哉亭子聞來久
오늘은 사람으로 하여금 망연케 하도다. 今日令人却惘然
독보적 존재 큰 명성 말할 게 있으랴, 獨步大名何足道
급류에서 용퇴한 것이 참으로 어진 게지. 急流勇退是能賢
고풍은 아득히 하늘 위까지 미치건만, 高風邈邈終天上
속물은 분분히 눈앞의 일에 골몰하네. 俗物紛紛只眼前
다행히도 산천이 옛날에 보던 것이니, 多幸溪山猶舊觀
백년에 지상의 신선이라 자랑할 만하구려. 百年堪詑地行仙

– 『용재집容齋集』 권7, 「쾌재정快哉亭」

이행은 쾌재정을 찾은 후 채수가 지은 「제쾌재정」에서 말한 바를 되새겼다. 그러면서 명예와 영광을 모두 버리고 은퇴한 그의 삶에 공감하면서도, 한편으로 부러움을 느꼈을 것이다. 과연 쾌재정의 채수는 만년에 신선이 되어, 봉래산의 신선과 짝지어 노

쾌재정 내부

닐 만했다고 그는 노래했다.

현재의 쾌재정 건물은 임진왜란 때 소실된 것을 18세기 무렵 후손들이 중건한 것이다. 이후 개항기와 1983년에 각각 중수하였고, 2011년에 경상북도 문화유산자료로 지정되어 현재에 이르고 있다.

쾌재정은 봉우리 정상부를 평탄하게 조성한 후 그 위에다 건립한 산정형山頂形 누정이다. 정면 3칸, 측면 2칸의 '一' 자형 팔작지붕 기와집 한 채로 구성되어 있다. 쾌재정 내부에는 마루만 두었으며, 창을 따로 내지 않아 실내가 어두운 편이다. 실내에는 「쾌재정기」를 비롯해 여러 개의 현판을 걸어 놓았다. 쾌재정 입구에는 1980년대 초 국회의장을 지닌 후손 채문식의 기념비가 세워져 있다.

2) 절벽 위에서 낙동강을 굽어보다, 무우정舞雩亭

경상북도 상주시 사벌국면 삼덕리에는 낙동강을 바라볼 수 있는 대臺가 있다. 하늘을 떠받치는 대라는 의미로 '경천대擎天臺'라 이름 붙여졌다. 경천대는 예로부터 빼어난 전경으로 많은 이들이 찾는 명승지였으며, 현재 낙동강 12경 중 제1경으로 손꼽힌다. 경천대 절벽에서 낙동강을 굽어볼 수 있는 곳에 무우정이라는 누정이 있다.

무우정은 유의이자 명나라에 절의를 지킨 숭정처사로서 명망이 높았던 채득기가 건립하였다. 그가 이곳에 터전을 잡기 전에 경천대는 자천대라 불렸다. 채득기가 무우정을 지은 시점은 명확하지 않은데, 은둔을 하던 병자호란 전후로 보인다. 무우정 건립 후 채득기는 김상헌에게 자신이 머무르고 있는 자천대의 우담雩潭에 대하여 기문을 지어 달라고 부탁하였다. 자천대와 우담을 본 적 없던 김상헌은 그곳에 대해 설명해 달라고 했다. 그리고 김상헌은 들은 내용을 「채씨우담신정기蔡氏雩潭新亭記」로 기록하였다.

> 낙동강은 황지黃池에서 발원하여 … 그러다가 우연히 상산商山(상주)의 북쪽, 회곡檜谷의 남쪽, 매호梅湖의 아래에서 깊숙하고 그윽한 터를 얻었다.

경천대와 무우정

> 그곳은 세 봉우리가 뒤에 우뚝 솟아 있고, 큰 강이 그 앞을 지나며, 절벽이 에워싸 안았고, 기암이 빙 둘러 있는데, 그 안에 물이 소용돌이치면서 검푸른 빛을 띠고 있는 곳이 있으니, 그곳을 우담雩潭이라고 한다. … 높아서 절로 일어난 것을 자천대라고 하는데, 기묘하고 빼어나서 사람의 솜씨로 만들 수 있는 바가 아니기 때문에 이렇게 이름 지은 것이다. 그 위에 새로 정자를 지었는데, 정자 이름은 무우정이다. 이는 증점曾點이 기수沂水에서 목욕한 뜻을 취한 것으로서, 시대는 비록 다르지만 취지는 같은 것이다.
>
> – 『청음집淸陰集』 권38, 「채씨우담신정기蔡氏雩潭新亭記」

위의 기문에 따르면 '무우정'이란 명칭이 증점의 고사에서 비롯되었음을 알 수 있다. 『논어論語』에서 공자가 제자들에게 자신의 뜻을 말해 보라고 했을 때, 증점은 "저문 봄에 봄옷이 이루어지거든 관자 5~6인, 동자 6~7인과 함께 기수에서 목욕하고 무우에서 바람을 쐬고 읊조리며 돌아오겠습니다.[莫春者 春服旣成 冠者 五六人 童子六七人 浴乎沂 風乎舞雩 詠而歸]"라고 했다. 공자는 다른 제자들이 부국강병과 이상적 정치로 답해 실망했지만, 증점은 자연을 즐기겠노라고 답하자 기뻐하였다.

김상헌이 자천대 우담 기문을 쓴 후 채득기는 이식李植(1584-1647)에게 무우정 기문을 부탁했다. 이에 이식은 「무우정기舞雩亭記」를 쓰게 되는데, 그 말미에서 채득기에 대해 다음과 같이 언급하였다.

> 그런데 한편으로 나는 이와 관련하여 또 하나 느껴지는 점이 있다. 군의 고왕부高王父인 난재 공은 박학다식한 데다 굳은 절조의 소유자로, 밝은 임금의 지우를 받고 종정鍾鼎에 이름이 새겨지기까지 하였다. 그런데 만년에 결단을 내리고 함녕咸寧에 물러나 은거하며 쾌재정을 짓고 살았는데, 그 정자는 바로 우담의 상류에 위치하고 있다. 세상에 전해지는 말로는 공이 가부좌를 틀고 앉아 죽어 마치 매미가 껍질을 벗듯 육신을 벗었다고도 하나, 식자들은 공이 급류에서 용퇴한 것을 더욱 가치 있게 생각하는데, 요컨대 공 역시 신선자神仙子의 유파에 속하는 인물이라고 하겠다.
>
> -『택당집澤堂集』 별집 권5, 「무우정기舞雩亭記」

이식은 채득기가 무우정을 짓고 은둔한 모습을 그의 선조 채수의 행적에 비견하고 있다. 이행이 지은 「제쾌재정」을 인용하여 채수의 은둔을 '급류에서 용퇴한' 것으로 묘사하면서, 은둔을 지향하는 가문의 전통이 채득기에게 전승되었다고 평가하였다.

채득기가 세상을 떠난 이후에도 많은 사람들이 경천대의 무우정을 찾았다. 때로는 상주 문인들의 모임인 낙강시회洛江詩會가 무우정에서 열리기도 했다. 1748년 상주목사 이협李浹이 무우정을 중건하였으며, 1948년 크게 보수하였다. 1981년 다시 중건하였고, 2005년에 서까래와 기와를 교체하는 등 여러 차례 수리가 이루어졌다. 현재 무우정은 정면 3칸, 측면 1.5칸의 합작지붕 건물로 남아 있다.

3) 배 위의 집, 주암정舟巖亭

주암정은 문경의 숨은 명소이다. 경상북도 문경시 산북면 서중리 368에는 배 위에 만들어진 것 같은 주암정이라는 누정이 있다. '주암舟巖'은 말 그대로 배바위를 뜻한다. 주암정은 1944년 채익하蔡翊夏(1633~1676)를 기리기 위해 후손들이 만들었다.

채익하는 채수의 차남인 채소권의 5대손으로 1633년(인조 11) 생원시에 급제하였다. 행실이 바르고 학문에 뜻을 깊었다고는 하나, 남은 문적이 화재로 소실되어 그의 자세한 행적과 학문의 깊이는 알 수 없다.

웅연의 남쪽에 큰 바위가 있으니 모습이 배와 같으며 언덕을 손질하여 길게 매어 놓은 것 같았다. 예전에 나의 선조이신 상사上舍 부군께서 일찍이 물이 돌아 흐름을 놀며 감상하면서 뜻을 붙여 제영을 하시다가 인하여 '주암'으로 표시하고 이름으로 삼았지만, 마침내 뜻을 갚지 못하시고 일찍 세상을 떠나셨다. 뒤에 이 바위를 지나고 이 바위에 노는 이들이 모두 사람

주암정

채홍탁, 「주암정기」(1989)

은 같으나 이름은 있어 날로 성함이 있으므로 인하여 문중 일로 모였는데 사손嗣孫인 종진宗鎭 씨가 추연하며 나에게 말하기를 "크게 범상한 사람들도 조선祖先이 찾고 지나던 곳이면 오히려 그 유적을 보호하고 숭상하여 혹은 글을 새기고 집을 지어 기념함이 많은데, 하물며 이 바위는 선세의 뜻을 붙인 곳임에랴. 가깝게 마을 곁에 있어 기거할 때 날마다 서로 접하지 않음이 없으니, 어찌 한 집을 시작해서 경영하여 밖에 머물며 우러러 사모하길 견씨甄氏의 정자를 생각함과 같지 않겠는가!"라고 하였다.

– 김문기, 『문경의 구곡원림과 구곡시가』(2005), 「주암정기舟巖亭記」 현판

위의 글은 채홍탁蔡鴻鐸(1880–1947)이 쓴 「주암정기」이다. 이에 따르면 채익하는 생전 웅연을 찾아 배 모양의 바위를 보고 이곳을 '주암'이라 표시했다고 한다. 그리고 '주암'을 자신의 호로 삼았다. 그 후 채익하의 8대손이자 사손인 채종진蔡宗鎭(1879–1958)은 후손으로서 선대의 유적을 보호하고 기리고자 주암정을 건립하였다.

주암정 맞은편에 있는 금천을 건너면 인천채씨 집성촌인 현리마을에 다다른다. 지금은 이곳이 문경시에 편입되어 있지만 조선시대에는 상주에 속하였다. 현리마을을 중심으로 상주에 세거하는 인천채씨들은 웅연과 주암, 그리고 인근에 건립된 웅연서원에서 일족 간의 교유 망을 형성하였다. 그러다 뒤늦게 주암에 채익하를 기리는 주암정이 건립된 것이다.

주암정은 문화유산으로 지정되지 않았다. 건축물 자체도 오래되지 않았을뿐더러, 누정에서 기리는 채익하도 그리 이름난 유학자가 아니었기 때문이다. 그렇지만 주암정이 건립되기 이전부터

'주암'은 옛 상주 지역의 이름난 명소였다. 특히 석문구곡石門九曲의 제2곡으로 설정되었다.

석문구곡은 채수의 9대손이자, 현리마을 입향조 채득호의 5대손인 채헌蔡瀗(1715~1795)이 설정하였다. 그는 자가 계징季澄, 호가 근품재近品齋로, 1753년(영조 29) 생원시에 합격하였다. 권상일權相一(1679~1759)의 문인으로 평생 자연을 벗 삼아 소요하였는데, 만년에 금천과 대하천을 따라 9곡을 설정하고 이곳을 석문구곡이라 명명하였다.

구곡 문화는 남송의 주자가 설정한 무이구곡武夷九曲에서 비롯되었다. 주자는 무이산武夷山에서 은거하는 동안 풍경이 좋은 아홉 곳을 구곡으로 설정하고, 그 경치를 시로 노래하였다. 주자를 동경한 조선의 사대부들도 자신들의 거처에 9곡을 설정하였다. 그리고 시를 지어 그 풍경을 노래하니, 이를 구곡시九曲詩라 한다. 채헌도 석문구곡을 설정하고, 구곡시인 「석문구곡도가石門九曲棹歌」를 지었다. 9곡 중 제2곡인 주암을 노래한 시는 다음과 같다.

이곡이라 동쪽에 일월봉이 솟아 있고,	二曲東亞日月峯
두 바위 물을 베니 형제의 모습이라.	雙巖枕水弟兄容
정자 앞의 부벽은 천년이나 되었고,	亭前浮碧千年久
대숲을 바라보니 푸르름이 몇 겹인가.	望裏竹林翠幾重

– 김문기, 『문경의 구곡원림과 구곡시가』(2005), 「석문구곡도가石門九曲棹歌」

주암 맞은편에는 금천을 사이에 두고 부벽浮碧이 있다. 예전에는 금천이 주암 앞으로 흘렀으나, 지금은 물길이 달라져 부벽 앞을 흐르고 있다. 부벽도 바위와 숲, 하천이 조화를 이루는 명승지로 1935년 인천채씨 일족이 선대를 기리고자 경체정景棣亭을 지어 놓았다.

'주암'은 1944년 '주암정'이 건립되면서, 건축과 자연물이 조화를 이루는 공간으로 재탄생하였다. 주암정은 정면 3칸, 측면 1칸의 팔작지붕 건물로 일반 누정과 큰 차이는 없다. 그러나 주암과 조화를 이룬 공간 배치, 정성 들인 조경과 관리로 우리나라에서 빼놓을 수 없는 누정으로 주목받고 있다.

우선 주암은 두 개의 바위가 쪼개진 형태이다. 두 개의 바위 위로 넓적한 반석을 인위적으로 올려놓아 사람들이 오갈 수 있게 해 놓았다. 주암정은 정면에서 바라봐야지 진면목을 확인할 수 있다. 갈라져 있는 두 개의 바위가 하나로 합쳐져, 기문에서 묘사한 것처럼 정박한 배를 묶어 놓은 듯하다. 마치 그 줄을 풀면 언제든지 배가 앞으로 나아갈 것 같다. 그러면 주암정은 배 위의 선실처럼 느껴진다.

주암정 양쪽에는 작은 방이 있고, 가운데에는 문이 있다. 그 안에 앉아 주암과 웅연을 바라보는 경관도 매우 훌륭하다. 계절에 따라 주암정을 찾는 맛이 다른데, 백미는 여름일 것이다. 후손들이 주암정을 관리하면서 입구와 돌담, 건물 주위로 능소화를 심어 놓았다. 30년이 넘었다고 하는데, 6월이면 꽃을 피우기 시작한다. 그리고 웅연에는 연꽃이 심겨 있으며, 이 연꽃은 8월에

경체정

만개한다. 바위에 낀 이끼도 멋을 더한다.

웅연을 크게 한 바퀴 돌고 주암정 마루에 앉으면 믹스커피와 포트가 눈에 띈다. 주암정을 찾는 이들을 위해 준비해 놓은 것이다. 주암정을 보고 있자면, 명가의 고풍은 다른 데 있지 않은 것 같다. 선대로부터 내려오는 유산을 정성스레 관리하고, 찾아오는 이들을 배려하는 것이야말로 명가의 고풍이 아닐까 한다.

제5장

종가를 이어 가는 노력과 변화

종가를 이어 가는
노력과 변화

1 난재종가의 불천위不遷位 제사

숭덕산과 오봉산 사이로 옹기종기 집들이 모여 있는 작은 마을이 있는데, 바로 난재종가의 종택이 위치한 이안마을이다. 북쪽으로는 이안천이 서에서 동으로 흐르고, 그 너머 함창평야의 여러 들판이 형성되어 있다.

마을 남쪽 편에 종택이 위치하는데, 건물은 2층의 적벽돌 주택이다. 1980년에 새로 건축한 현대식 건물이어서, 옛 고택의 자취는 남아 있지 않다. 대신 대문을 들어서면 우측 편에 불천위 사당인 부조묘不祧廟가 있어 난재종가가 지내 온 오랜 시간을 가늠할 수 있다.

종가는 우리나라 유교 문화의 중심이다. 종가를 중심으로 선대부터 형성된 가풍家風과 학문 정신이 전승되어 왔다. 그런 종가의 가장 큰 책무는 봉제사奉祭祀, 그중에서 불천위不遷位 제사이다. 왕조와 학문에 큰 공이 있는 인물은 불천위로 모셔진다. 가문의 현조이고 가문을 있게 한 존재이기 때문에 4대 봉사가 끝났음에도 후손들이 사당에서 신위를 옮기지 아니하고 영구히 제사를 지낸다. 따라서 불천위 제사의 유무는 명가의 상징이며, 불천위를 모시는 종족 집단은 전통 가문을 특정할 수 있는 기준으로 인식되고 있다.

난재종가도 오랜 기간 불천위 제사를 모셔 왔다. 채수의 기일이 음력 11월 8일이니, 이날에 맞추어 4대 봉사가 끝나는 종가의 5대손 이후에 불천위 제사가 이어져 왔을 것이다. 불천위 제사는 기본적으로 『주자가례』의 제의 절차를 따르지만, 학통과 지역, 무엇보다 가문의 전통에 따라 변용된다. 특히 현대 사회로 접어들면서, 불천위 제사뿐만 아니라 종가 문화도 크게 변모하였고, 때로는 단절되는 경우도 적지 않다. 난재종가의 후손들은 그런 시대적 흐름에 맞추어 불천위 제사를 거행하며, 종가의 전통을 이어 가고자 노력하고 있다.

1) 부조묘와 신주

난재종가의 불천위 제사는 종택의 불천위 사당인 부조묘에서 거행된다. 부조묘의 연혁은 명확하지 않다. 다만, 1938년 간행된

난재종가 부조묘

『난재집』에는 후손 채시주蔡蓍疇(1739–1819)가 찬한 「가묘이건시상량문家廟移建時上樑文」이 수록되어 있어, 19세기 전후에 사당을 이건하였고 그것이 지금까지 이어져 온 것으로 추정할 수 있다. 현재 부조묘는 정면 3칸, 측면 1.5칸 규모의 맞배지붕 건물이며, 툇마루를 두었다. 부조묘 주위로 기와지붕이 어우러진 흙돌담을 둘렀고, 출입문은 판장문이다. 부조묘와 출입문에는 소박하게 단청을 하였다.

불천위 제사는 배위配位와 함께 모시는 합설合設이다. 따라서 부조묘의 감실龕室 안에는 채수와 부인 안동권씨의 신주神主 2개가 모셔져 있다. 신주에는 망자의 위상을 드러낼 수 있도록, 그가 생전과 사후에 부여받은 품계·관직·군호·시명 등이 모두 기

불천위 신주

재된다. 채수는 중종반정 공신이고 고위 관료였으며, 사후 시호를 받고 추증되었다. 이 모든 내용이 신주에 기록되니, '현선조고분의정국공신顯先祖考奮義靖國功臣'으로부터 시작해, '양정공부군신주襄靖公府君神主'에 이르기까지 신주의 글자는 모두 61자에 달한다. 배위 안동권씨의 신주에는 '현선조비정부인안동권씨신주顯先祖妣貞夫人安東權氏神主' 13자가 기재되어 있다.

부조묘 앞에는 '부조위선조양정공제향시집사분정不祧位先祖襄靖公祭享時執事分定'이라고 적힌 집사분정판을 걸어 놓았다. 집사분정판에는 긴 종이가 붙어 있는데, 직전에 거행한 불천위 제사의 헌관과 여러 집사의 이름이 적혀 있다.

2) 거행 시각

현재 불천위 제사를 거행하는 시각은 오전 11시이다. 예전에는 여느 불천위 제사와 마찬가지로 일몰 이후 본격적인 제사 준비가 진행되었으며, 기일 당일에 새벽 1시인 축시丑時에 제사를 거행하였다. 이때가 혼령이 가장 활발하게 활동하는 시간이기 때문이다. 따라서 제관들도 제사 전날 종가로 모여들었다. 후손들도 대부분 이웃과 인근 마을에 많이 살았기 때문에 새벽에 제사를 거행해도 큰 어려움이 없었다. 멀리서 온 사람들은 종택이나 이웃집에서 숙박을 해결하였다.

그러나 농업 중심의 사회에서 급격한 산업화와 도시화가 이루어짐에 따라, 타지로 떠나는 후손들도 늘어났다. 자연히 참사參祀 인원이 적어지고, 숙박할 곳도 여의찮게 되었다. 반면, 교통은 크게 발달하였다. 이러한 변화를 감안하여 후손들은 의견을 모아 대략 10년 전부터 불천위 제사 시간을 기일 당일 오전 11시로 조정하였다.

3) 제수 준비

2024년 난재종가의 불천위 제사는 양력 12월 8일에 거행되었는데, 이날이 채수의 기일인 음력 11월 8일이다. 제사 준비에서 가장 중요한 것은 당연히 제수 물품을 마련하는 것이다. 예전에는 부조묘 근처에 고지기[庫子]들이 살았는데, 고지기들은 심부름을 하고 제례를 준비하는 데에 필요한 각종 허드렛일을 도맡아 하였다. 또한 후손들이 많이 살고 있기 때문에 불천위 제사 때가 되면, 문중의 여성들이 종택에서 제수 마련을 도와주었다.

그러나 지금은 고지기도 없을뿐더러, 고향에 남아 있는 문중 여성들도 대부분 고령이어서 종가 사람들이 직접 제수를 준비하고 있다. 현재 종손은 채수의 18대손인 채병희蔡炳熙(1958년생)로 종부와 함께 안동에 거처한다. 종택은 종녀宗女이자, 종손의 누이이신 채성자蔡成子가 지키고 있다. 제사 3~4일 전에 제수와 음복 때 함께할 음식 재료를 종택 인근인 함창 읍내 등지에서 구입한다. 제수 비용은 종회宗會 또는 후손들이 갹출하여 지원하고 있다.

4) 집사 분정

제사를 시작하기 1~2시간 전부터 후손들이 종택으로 모여든다. 참사자들은 도착하는 대로 서로 인사를 하고, 제복으로 갈아입는다. 각기 가져온 도포와 유건을 착용하는데, 제복을 갖추지 못할 경우 양복이나 정갈한 옷차림으로 참석한다.

사람들이 모이면 당일 오전에 집사 분정이 시작된다. 부조묘에서 가져온 집사분정판에 따라 헌관과 여러 집사를 파정爬定한 뒤 긴 두루마리 종이에 정성스레 그 이름을 써서, 집사분정판에 붙여 놓는다. 2024년 불천위 제사의 집사분정기 글씨는 서예가로 활동 중인 후손 채현식蔡玄植이 썼는데, 이해의 분정은 다음과

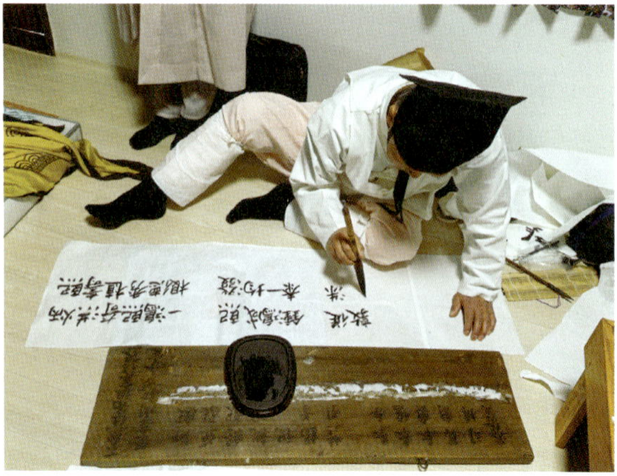

집사 분정

같이 이루어졌다.

초헌관初獻官 채병희蔡炳熙, 아헌관亞獻官 채홍수蔡洪壽, 종헌관終獻官 채기식蔡奇植

집례執禮 채희수蔡熙秀, 축祝 채홍덕蔡鴻德, 알자謁者 채일근蔡一根

봉향奉香 채희발蔡熙潑, 봉로奉爐 채성균蔡成均, 봉작奉爵 채홍일蔡鴻一, 전작奠爵 채종태蔡鍾泰

참제원參祭員 채종수蔡從洙, 채돈식蔡敦植, 채홍득蔡鴻得, 채현식蔡玄植, 채희진蔡熙鎭, 채홍달蔡鴻達

초헌관은 종손인 채병희, 아헌관은 인천채씨대종회 회장 채홍수(1943년생), 종헌관은 난재채수선생기념사업회 회장 채기식(1944년생)이 맡았다. 난재종가의 불천위 제사에서 초헌관은 종손이 맡으며, 아헌관과 종헌관은 매번 달라진다. 2024년 불천위 제사의 아헌관은 채수의 삼남 채승권의 후손이고, 종헌관은 차남 채소권의 후손이다. 채수의 세 아들의 후손들은 각기 지파를 형성하고 있지만, 불천위 제사 때는 함께 모여 헌관과 집사를 맡는다.

5) 진설陳設

부조묘에는 교의交椅와 촉대, 향로상이 준비되어 있다. 종택에서 향과 향로, 초를 가져와서 설치하고, 관세위盥洗位는 사당 우측 칸 마루에 마련한다. 관세위에는 손을 씻고 닦을 수 있게 물을 담은 그릇과 수건을 둔다. 난재종가는 부조묘 안 교의 위에 신주가 모셔져 있고, 그 앞에 제물을 올리고 제사를 거행하기 때문에 신주를 모셔 오는 출주出主를 생략한다.

종택에서 마련된 제수 음식은 부조묘로 옮겨져 진설된다. 모두 5열로 진설하는데, 가장 앞 5열에는 과일을 둔다. 왼쪽에서 차례대로 '조율시이棗栗柿梨', 즉 대추·밤·감·배를 두고, 오른쪽 두 자리에는 제철 과일을 준비해 놓는다. 4열에는 포와 나물을 둔다. '좌포우혜左脯右醯'의 원칙에 따라 왼쪽에는 생선포와 찐 조기를 두되, '동두서미東頭西尾'에 따라 머리가 오른편으로 향하게 둔다. 그 오른쪽으로는 시금치, 한 그릇에 담은 무·콩나물, 취나물, 도라지, 고사리를 진설한다. 2열 가운데에 간장을 둔다.

3열에는 김과 각종 전이 진설되고, 4열에는 편과 적炙이 놓인다. 편은 두 개의 편대에 나누어 담아 교의 좌우 양 끝에 둔다.

진설

편은 밑에서부터 시루떡·절편·인절미·노치·조악 순으로 쌓는다. 예전에는 편을 모두 집에서 만들었는데, 지금은 노치와 조악을 제외하고 나머지는 방앗간에서 지어 올린다. 적은 적대에 담아 신주 앞에 두는데, 밑에서부터 마른명태·배추전·파전·소고기·돼지고기·닭고기·고등어쌈 순으로 쌓는다. 쌈의 경우 계란 지단이 고등어를 감싸고 있는 모양으로, 예전에는 고등어 대신 청어를 사용했다고 한다. 다음으로 두 쌍의 메와 갱·술잔을 두는데, 따로 한 열을 차지하는 것이 아니라, 4열에 둔 두 개의 편대와 중앙의 적대 사이의 빈 공간에 각각 한 쌍씩 둔다. 그리고 설탕을 담은 종지 그릇을 올리는데, 꿀 대신 떡을 찍어 드시도록 한 것이다. 진설이 끝나면 부조묘 안 감실의 문을 열어 둔다.

6) 참신參神 · 강신降神

진설을 마치면 집례의 지시에 따라 헌관 이하 참사자들이 부조묘 앞뜰에 질서 정연하게 선다. 그런 다음 집사분정판의 이름을 호명하며, 헌관과 집사를 확인한다. 이후 모든 절차는 집례가 읽는 홀기笏記에 따라 진행된다.

이어 축(축관)과 집사가 관세를 한 후 부조묘 안으로 들어간다. 부조묘 안에 들어가기 전에 행하는 관세 행위는 매 절차마다 반복된다. 열려 있는 감실에는 신주를 모신 독櫝이 있는데, 그 독을 열어 신주가 드러나게 한다. 이어 초에 불을 붙인 후 모든 참사자가 참신 재배再拜한다. 참신은 참사자들이 신주를 뵙고 맞이하는 절차이다.

다음은 신을 청하는 강신을 진행한다. 초헌관이 향로 앞으로 가서 집사의 도움을 받아 분향焚香한다. 분향은 하늘의 혼魂을 불러오는 것이다. 이어 뇌주酹酒를 한다. 신위 앞의 초헌관에게 집사가 술잔에 술을 따라 주면, 초헌관은 모사기茅沙器에 붙는다. 뇌주는 땅에서 백魄을 모시는 것이다. 그리고 초헌관이 재배하면, 강신은 마무리된다.

7) 삼헌三獻

삼헌은 세 번 헌작獻爵하는 것으로 순서에 따라 초헌·아헌·종헌이라 하며, 지정된 헌관이 각기 진행한다. 초헌관이 먼저 신

▲ 참신

▼ 분향강신

위 앞에 무릎 꿇어앉고 술잔과 술잔 받침을 들면, 집사가 잔에 술을 부어 준다. 초헌관이 술잔과 술잔 받침을 집사에게 주면, 집사는 그것을 신위 앞에 올린다. 그리고 메의 뚜껑을 연다. 이어 축문을 읽는 독축讀祝이 진행된다. 경건한 목소리로 축이 축문을 읽으면 초헌관 이하 참사자들은 모두 경청한다. 축문을 읽는 동안 헌관과 집사 등은 부복한다. 독축이 끝나면 초헌관은 재배한 뒤 자리로 돌아가고, 집사는 술잔을 내려서 비우는 퇴작退爵을 한다.

이어 아헌관이 아헌을 진행하며, 종헌관이 종헌을 진행한다. 부조묘에 들어가기 전 관세를 하며, 초헌관과 마찬가지로 헌작·재배·퇴작 순으로 진행하되, 독축은 하지 않는다.

8) 유식侑食

유식은 술을 드린 후 음식을 드시도록 권하는 의식을 뜻한다. 집사가 숟가락을 메 그릇의 중앙에 꽂는 삽시정저插匙正箸를 한다. 그러면 신이 식사를 할 수 있도록 참사자들은 부복하고 기다린다.

어느 정도 시간을 보낸 후 갱을 물리고, 숭늉을 올리는데, 이를 진다進茶라고 부른다. 물을 담은 그릇을 갱이 물러간 자리에 두면, 집사가 숟가락으로 밥을 세 번 떠서 물에 만다. 역시 신이 숭늉을 드실 시간을 드린다. 그런 후 집사가 숭늉 그릇의 숟가

▲ 독축

▼ 아헌관 헌작

삽시정저

락을 내리고, 메의 뚜껑을 닫는다.

9) 사신辭神 · 고예필告禮畢

사신은 불천위 제사를 마치고 신을 보내는 의식이다. 먼저 참사자 모두가 재배한다. 이어 신주의 독을 닫는 납주納主가 행해진다. 그러면 공식적인 절차가 모두 끝난다. 알자가 부조묘 밖 왼편에 서 있는 초헌관과 마주 보고 예를 표한다. 그리고 이어 집례가 "고예필告禮畢", "모두 마치겠습니다."라고 하면, 모든 절차가 끝난다.

▲ 납주

▼ 고예필

10) 철상撤床 · 음복飮福

제사가 모두 끝나면 제수 음식을 물리는 철상을 한다. 참사자들이 나누어서 제수를 종택으로 가져간다. 철상이 끝나면 마지막으로 신주를 모신 감실을 점검하고 닫는다. 음복은 제사에 올린 제수 음식을 나누어 먹는 절차이다. 조상이 내려 준 음식을 먹고 복을 받는다는 의미를 담고 있다. 음복상은 참사자의 수에 따라 종택의 거실과 방에 준비된다. 제수에 사용된 나물로 비빔밥을 만들고, 나머지 제수 음식도 술과 함께 나누어 먹는다.

종가를 이어 가는
노력과 변화

2 종가의 미래, 난재채수선생기념사업회

난재 채수의 후손들은 상주·문경을 중심으로 크게 번창하였다. 선조의 음덕과 오랜 기간 전승되어 온 명가의 가풍은 후손들이 사회 각계각층에서 활약하는 데 큰 밑바탕이 되었다. 현대 사회로 접어들면서 전통적인 가문 의식도 변하게 된다. 각지로 후손들이 흩어지면서 일족 간의 가계 계승 의식과 일족 간의 결속력은 약화되었다. 지금의 번창을 있게 한 선조의 음덕과 그들이 전승해 준 가풍도 잊혀 가고 있다.

그렇다고 무작정 예전 것만 고수할 수는 없다. 시대적 흐름에 맞추어 가문의 전통을 계승하고자 하는 노력이 무엇보다 절실한 시점이다. 난재 채수의 후손들도 변화의 요구에 맞추어 일족 간

결속력을 다지고 가문의 오랜 전통을 보존·계승하고자 한다. 이를 위해 여러 지파별로 예전부터 이어져 온 문중 활동을 전개하고 있으며, 상주시와 문경시에는 별도로 지역 종친회가 존재한다. 이들 조직은 자신들의 영역에서 활동하고 있지만, 난재 채수의 후손이라는 정체성을 공유하고, 선조의 정신을 계승한다는 공통된 목적을 가지고 있다. 이러한 목적의식을 잘 보여 주는 단체가 상주·문경 지역 후손들이 주도하는 난재채수선생기념사업회이다.

난재채수선생기념사업회는 채수의 학문과 사상을 현대적으로 계승하기 위해 2015년에 처음 결성되었으며, 2022년 상주시 함창읍에 사무소를 개소하였다. 채수는 성종과 연산군 시기에 관직에 있으면서, 직언을 아끼지 않고 불의는 단호히 배격하는 뚜렷한 신념을 가졌다. 학문적으로는 경사뿐만 아니라 여러 분야에 소양을 드러내었다. 하지만 무엇보다 시대를 앞서간 문제작 『설공찬전』을 남겼다는 점에서 우리에게 많은 귀감을 준다.

『설공찬전』은 당시 성리학적 명분론에 따른 통념과 질서를 거부하였다. 신분과 성별에 따른 차별을 부정하고, 권력의 부조리를 우회적으로 비판하였다. 채수가 『설공찬전』을 통해 꿈꾸었던 세상은 현대적 가치관으로도 충분히 공감을 얻을 수 있다. 난재채수선생기념사업회의 역점 사업도 채수의 행적과 『설공찬전』에 드러난 현대적 가치의 발굴과 계승이다.

이와 관련해 난재채수선생기념사업회는 상주시와 지역 내 여러 기관의 협조를 받아 다양한 사업을 전개하고 있다. 상주시와

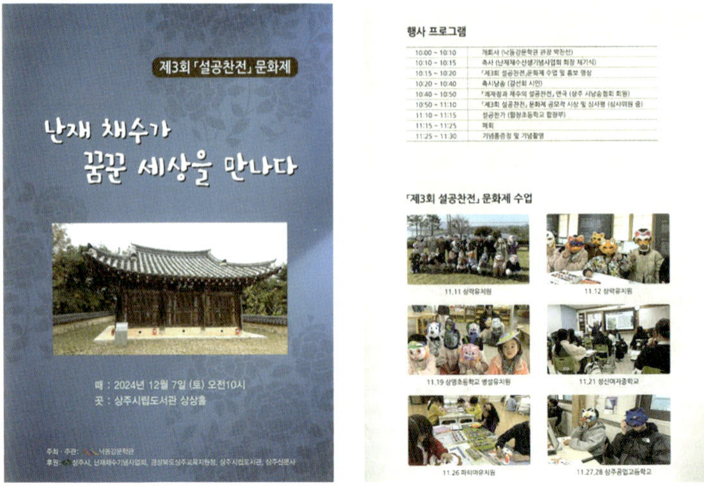

제3회「설공찬전」문화제 팸플릿(난재채수기념사업회 제공)

상주문화원의 지원을 받아 2017년 '난재 채수 선생과 설공찬전'이라는 주제로 학술대회를 개최하여『설공찬전』을 재조명하였다. 현재 상주시에서는 채수의『설공찬전』의 가치를 이어받고 보존하고자 학생들을 대상으로 '설공찬전 문화제'를 개최하고 있으며, 채수의 문학 정신과 지역 문인들의 창작 의지 제고를 목적으로 '난재채수문학상'을 제정하여 시상해 오고 있는데, 난재채수선생기념사업회가 앞장서서 후원에 동참하고 있다.

현재 난재채수선생기념사업회 회장은 교육자 출신의 채기식으로, 그는 채수의 차남인 채소권의 15대손이다. 채기식 회장과 난재채수선생기념사업회, 그리고 상주·문경의 후손들은 지금 진행되고 있는 사업에 만족하지 않는다. 이에 몇 년 전부터 추진위원회가 결성되어 기념관 같은 전시·교육·체험 시설의 건립을 구상하고 있다. 2024년 7월 20일 문중 인사들과의 면담에서 채기식 회장은 기념관 건립과 관련해 다음과 같이 말하였다.

> 지금 우리가 기념관을 짓고자 하는데, 종가가 있는 이안리에다가 지으려고 합니다. 거기에 짓는다면, 단순히 기념관을 관광하는 데 그치지 않습니다. 『설공찬전』의 산실 쾌재정이 여기에 있으며, 난재종가의 사당, 그리고 난재 채수 선생의 유택과 신도비가 있습니다. 이러한 것들을 새롭게 조성된 길과 더불어 하나의 관광 벨트로 만든다면, 우리 종가가 더욱 잘되지 않겠습니까?

우리나라에는 고전문학 작품 및 그 작자와 관련된 기념관·전시관·문학관 등이 여러 군데 조성되어 관광객을 끌고 있다. 그와 비교한다면 이안리가 『설공찬전』의 창작지이고, 이안리에 저자의 자취가 여기저기 남겨져 있기 때문에, 다른 곳 못지않게 이안리에 기념관을 건립하는 명분은 충분하다.

앞으로 기념관 건립이 어떻게 될지 예단하기 쉽지 않다. 분명한 점은 난재종가 후손들의 노력이 종가의 전통 계승이라는 측면에서 귀감이 될 것이라 생각한다. 그들은 시대적 변화에 맞추어 선조의 유산을 현대적 관점에서 해석하고 가치를 재조명하는 데 앞장서고 있다. 후손들에 국한되지 않고, 대중과 종가의 유산을 공유하기 위해 노력한다. 이를 통해 종가의 전통이 미래에도 계승될 것이라는 가능성을 기대해 볼 수 있다.

참고문헌

『삼국사기』

『삼국유사』

『조선왕조실록』

『승정원일기』

『신증동국여지승람』

『여지도서』

『대동야승』

강희맹, 『사숙재집』

권상하, 『한수재집』

서유구, 『임원경제지』

송시열, 『송자대전』

이긍익, 『연려실기술』

이식, 『택당집』

이현일, 『갈암집』

이행, 『용재집』

정종로, 『입재집』

조위, 『매계집』

채소권, 『졸재집』

채수, 『난재집』

채이항, 『오봉선생실기』

채헌징, 『우헌문집』

최자, 『보한집』

홍귀달, 『허백당집』

김문기, 『문경의 구곡원림과 구곡시가』, 한국학술정보(주), 2005.
김철수, 『광복 70주년 상주의 항일독립운동』, 상주문화원, 2016.
상주시, 『상주시사』, 2010.
상주시청년유도회, 『상주의 서원』, 2006.
세종대왕기념사업회, 『국역 국조인물고』 29, 2006.
우인수, 「조선 전기 난재 채수의 현실 인식과 대응」, 『조선사연구』 22, 조선사연구회, 2013.
이복규, 『설공찬전 연구』, 박이정, 2003.
인천채씨문중, 『인천채씨세덕록』, 2007.
인천채씨족보발간위원회, 『인천채씨족보』, 2003.
함창 임호서원, 『임호서원지』, 1989.

지은이

이광우李光宇

대구에서 태어나 영남대학교 국사학과를 졸업하고 같은 대학교 대학원에서 국사학 전공으로 석사와 문학박사 학위를 받았다. 영남대학교 민족문화연구소의 연구원을 거쳐 연구교수로 재직 중이며, 영남대학교에서 한국사를 강의하고 있다. 조선 시대 향촌사회사에 관심을 가지고 있으며, 『조선시대 사람들의 더불어 살기, 향약』·『옥산서원』(공저)·『하와일록』(공저) 등의 저서와 「19세기 전반기 삼군문의 재정 운영 실태」·「조선후기 향약 운영과 성격」 등 30여 편의 논문이 있다.

경북의 종가문화 77

『설공찬전』의 꿈과
신념을 이어 가다,
상주 난재 채수 종가

찍은 날 2025년 6월 20일
펴낸 날 2025년 6월 24일

기획 경상북도 · 경북대학교 영남문화연구원
지은이 이광우
펴낸이 허영우
펴낸 곳 경북대학교출판부
출판등록 1973년 10월 10일 ㉣97호
주소 대구광역시 북구 대학로 80
전화 053-950-3830
팩스 053-953-4692
이메일 press@knu.ac.kr
홈페이지 http://knupress.com

ISBN 978-89-7180-658-6 94900
978-89-7180-657-9 (세트)

정가는 뒤표지에 있습니다. 파본은 바꾸어 드립니다.